U0685199

新课程背景下教师必备的

20项

基本功

XINKECHENGBEIJINGXIAJIAOSHIBIBEI
DE20XIANGJIBENGONG

杨　爽◎编著

吉林文史出版社

图书在版编目（CIP）数据

新课程背景下教师必备的20项基本功 / 杨爽编著. ——
长春：吉林文史出版社，2013. 2 (2021.6重印)
（教学必备金点子系列）
ISBN 978－7－5472－1464－0

Ⅰ. ①新… Ⅱ. ①杨… Ⅲ. ①课堂教学－教学法－中
小学 Ⅳ. ①G632.421

中国版本图书馆 CIP 数据核字（2013）第 034744 号

教师必备金点子系列

新课程背景下教师必备的 20 项基本功

XINKECHENGBEIJINGXIA JIAOSHIBIBEI DE 20XIANG JIBENGONG

编著/杨 爽

责任编辑/ 高冰若

封面设计/小徐书装

出版发行/吉林文史出版社

地址/长春市福祉大路5788号

邮编/130118

网址/www.jlws.com.cn

印刷/ 三河市燕春印务有限公司

开本/710mm×1000mm 1/16

印张/14 字数/136 千字

版次/2013 年 4 月第 1 版 2021 年 6 月第 3 次印刷

书号/ISBN 978－7－5472－1464－0

定价/39.80 元

前　言

新课程改革已有十年，但是很多教师的角色依然没有转换好。新课程到底怎样教？教师如何体现主导地位？可以说，提升教师的教学基本功是当前深化课程改革的关键和根本要求。教师对新课程的理解是否深刻，对新的教学方法是否灵活运用，对三维目标是否真正落实，教师们仍然面临着挑战。

提高教育质量必须以教师的专业发展为本。为了配合基础教育改革的推进，提高新课程环境下的教师专业技能，笔者特编写此书。

本书从课前预设与课堂生成、教法与学法指导、教育研究三个方面介绍了教师的基本功。

课前预设与课堂生成部分主要包括备课、教学设计、板书设计、课堂提问、课堂引导、多媒体运用、网络资源管理、课堂管理、作业设计、命题能力、课堂评价、教材整合等基本的运用与养成。一节好课，蕴含着教师辛勤的劳动，而这些劳动是隐形的，是在课前形成的，这对于教师来说，其中包含着很多基本功。教师是知识的传授者，如何把知识很好地传授给学生，并体现新课程理念，这就需要认真备课，然后将备课过程形成教学设计。在课堂上能够合理使用多媒体，并能很好地控制课堂，适当提问，引导学生，课堂效果会更好。一个合格的老师，不仅能够教课，还应具有命题能力，从而对学生进行合理的课业评价。

教法与学法指导部分主要包括教学方法的应用、学习方法的指导、学生能力的培养等。传统的教学方法我们已经熟悉，新的教学方法我们也应掌握。教师的教是为了学生的学，"授之以渔"才是新课程提倡的，方法很重要。学生的自学能力、动手能力等都是需要培养的。

教育研究部分主要包括教育观念的树立、校本教研理论指导、教育科研方法研究、说课、评课。新课程理念下，对于教师的标准不再是单纯的教书，还要会研究，即成为研究型教师。教育观念的更新，教学内容、教学方法的变革都取决于教师的素质和其对教学的态度。作为一名21世纪的合格教师，必须要跟上时代发展的潮流，冲破传统教育观念的影响和束缚，建立起现代教育观念。基础教育课程改革发展至今，不仅给学校和教师队伍注入了新的教学理念和活力，也为学校的可持续发展和教师的专业化发展提出了新的要求，而校本教研正是应学校和教师的科学发展而如雨后春笋般萌生并成长之物，它适应了基础教育改革发展的时代需要，形成了与课程改革相适应的全新的教研方式，已经成为教师基本的学习方式和专业发展方式。进行教育研究，教育科研方法是必不可少的。

本书旨在为教师的专业化发展提供思路、奠定基础，为课程改革的实施和教学提供支持，同时为教师基本功的养成提供理论指导，为我国教育事业的发展尽绵薄之力。

编　者

2012年12月

新课程背景下教师必备的 20项 基本功

目 录

目 录

教育研究方面基本功

课前预设与课堂生成方面基本功

基本功之一　备课

一、认识备课

备课是作为一名教师最基本的教研工作，备课能力是一个教师最基本的业务能力。同时，备课也是课堂教学中最为基础的环节。

（一）备课的定义[1]

所谓备课，是教师为课堂的教学做准备的一个过程，它是动态的。

备课其实是内涵丰富的概念。比如，研究教材、撰写教案是备课；与学生交谈，了解情况是备课；研究教育理论，锻炼教学能力也是备课；同行之间相互交流、彼此沟通，反省自己的教学行为、发现教学中的问题同样是备课。

[1]欧阳芬.有效教学的基本功1：新课程下中小学教师备课技能指导[M].北京：世界图书出版社，2008.

在狭义上，备课是指教师研究教学内容和学生实际，确立教学目标，并采取相应的教学方法，运用相应的教学资源，引导学生达到目标，其主旨是上好具体的一节课。在广义上，备课是指教师通过不断学习，不断更新专业知识、增加文化积累，不断总结与反思教学经验，通过增加专业储备，体现"终生备课"理念，目的是上好所有的课。

(二)新课程背景下的备课

俗话说："凡事预则立，不预则废。"对于教师而言，有效的备课是整个教学的起点，也是搞好有效教学的基础。

传统意义上的备课坚持以教师、教材和讲解为中心，偏教师的"教"，而忽略了学生的"学"。教师备课的精力都被放在对教材的内容研究上，忽视了对学生已有知识和经验的了解。大多都由教师的主观意志来决定教学目标、方法，没有完全考虑到学生的实际和根本需要。

新课程理念下要求学习应以学生为主体地位，促进学生的自主学习，培养学生合作与探究的学习能力，充分调动学生学习的积极性。这就要求教师拥有有效的教学理念，掌握有效的教学策略，引导学生有效学习。即要求新课程下，教师要进行有效备课。随着社会的发展，课程改革浪潮也不断深入，备课技能的变化与创新对教师专业发展有巨大的意义，需要教师们不断地学习和发展，迎接四方挑战。

(三)备课的意义

备课的本质其实是教师对学科思想的一种阐释，是一种对教学组织活动中所涉及的内容、时间和空间等结构的规范和优化的过程。对于一个教师来说，备课是上好一门课的基础；对于一门学科来说，备课是保证教学质量的根本所在。因此，备课具有十分重大的意义。

首先，通过备课可以总揽全局，确立教学计划。

备课首先是确立学期的学科教学计划，这被称为"学期备课"。这能使一门学科在一个教育阶段的基本任务和主要目标更加清晰化。对教学节奏和教学进度进行统筹，对教学任务在一个学期的初、中、后三个时期能够进行合理的分配。这是开展单元或课时备课的基础。可见，备好课首先有利于一个学期的教学活动的布局和效益，使其愈加合理和愈加提升。

其次，通过备课可以熟悉教学对象，明确教学目标。

备课的主要任务是根据课程标准，将教学内容有效地传授给学生。在这里的研究对象就是指教学内容和学生，它们同时也是课堂教学的基本对象。通过备课，对熟悉、深入研究这两个教学对象和为学科确定教学目标，牢牢奠定了基础。

备课可以加强教师对学生的全面了解。学生是教学对象，学生是学习的主体。教师为了使备课更加有的放矢，需要了解学生的学习情况，这其中包括学生的现有知识、智力水平、认知结构、兴趣需要、学习方法与手段等。教师在备课过程中如果能够对学生的特点熟悉把握，那么对教材的处理和教法的选择就会更加符合学生的实际情况。由此，备课还有效地帮助教师正确地确立教学的基本方向，了解教学对象，明确教学目标，更好地体现教学效益。

再次，通过备课设计教学过程，保障有效教学。

备课具体体现在设计教学过程。教学过程涉及诸多的教学要素，包括教材、学生、教师、教学环境、备课设施和设备以及情境等。设计教学过程需要将上述诸要素进行合理连接，竖向是从教学导入新课，将内容和要求逐步展开，将知识与技能巩固练习，一直到教学小结也连为一个顺畅的流程。横向是以一定的内容主题，将学生的学习活动、教师的教学活动、教学媒体和教学情境等，有机地形成为互动的发展体。教法选择得当，教育原则就能更好地愉快体现，将学生的积极性和主动性调动得更加充分。这样，就基本保障了课堂教学的有效性，对提高教学质量有较大的意义。

最后，通过备课教师能够增强教学信心，体现职业价值。

一方面，教师进入课堂的心情决定了其发挥水平，同时也会影响课堂的教学质量。大量事实验证，教师的心情或心境源于其对将要完成的工作任务的把握程度。当一名教师备好了课，且对教学内容、教学要求、教学资源结构、教学方法、教学对象等方面胸有成竹时，教师的心理就会比较放松，在教学中，也就更容易表现出其正常应有的水平与能力。所以，备课也正是教师自信的强心针。

另一方面，学校生活是教师职业生活的中心。新课程理念要求教师为学生的成长在各方面奠定基础。新课改更多希望能够把生活融入教育。知识的不断发展，教育对象的慢慢变化，教学效益要求的逐渐提高，要求教师通过备课审视教材、审视学科、审视自身、审视学生。通过备课整合生活与教育，全身心地投入到对教育的研究中。备课不仅增强了教师的课堂信心，也增添了教师对生活与事业的价值。

二、备课的方法与策略

对于教师们都会存有这样的困惑，越来越多的教师都感叹怎么越来越不会备课了。这是为什么呢？造成这样的问题主要是因为当前备课教师们存在误区。如传统理论与实践脱节；备课技能欠缺，知识储备不足；备课地位与意义认识不够等。这些问题都成为了当今教师备课应当亟待解决的问题。所以下面我们根据新课程理念谈谈备课的方法与策略，有效解决教师在备课中存在的问题。

（一）备课的理论指导[1]

以下四个方面的理论对备课有直接指导意义。

1. 课程理论

课程理论是以课程为研究对象的一门学科。当前课程构建的理论主要受三种观念影响，即学生中心论、学科中心论、社会中心论。

学生中心论的主张是让学生在社会生活的实践中，亲身观察知识的表现和体验其形成过程。它的优点是照顾不同学生的不同需要，支持个性发展。缺点是知识缺乏系统，在有限时间内掌握的知识也是有限的。

学科中心论的主张是让学生学习并承继前人的文化为主，将这些文化分类进行学科化的构建，知识结构完整，知识系统规范。我们一般学习的就是在这个理论指导下的课程。其优点与缺点正好和学生中心论形成对比。

社会中心论是主张让学生学习社会直接可用的知识，或能够为社会直接服务。所以反对知识学科化，也反对知识个性化。现代课程教育改革前提下，要求的是以学生中心为本，其他兼顾，坚持融合的课程观，并不是简单的拼凑，也不是非此即彼。教师应结合理论长处，融会贯通，改进备课。

2. 教学论与学科教育学

首先需要考察备课的对象因素。图1-1反映的是学校教研工作的基本对象，其中备课是工作形态之首，也是教学论中最基本的研究对象，反过来，教学流程和教学要素是备课中必须关注的对象。所以，备课必须借教学论来规范与提升其质量、水平。

[1]祝智庭、闫寒冰.如何备课[M].上海：华东师范大学出版社，2009.

基本功之一 备课

教研基本对象

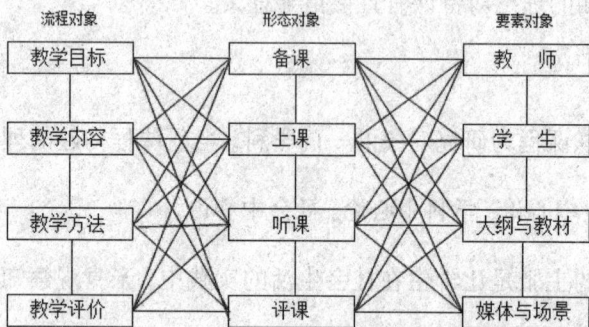

图1-1　教研基本对象的集合(系统)示意图

学科教育学是"以学校的学科教学实践为中心，专门研究与之相关的教育现象的一门科学"，备课工作的改进需要结合与利用学科教育学的有关成果。

3.学习理论

学习理论包括行为主义、认知主义、建构主义等。这是教育心理研究理论的成果在学习领域的反映。在上个世纪，这些理论影响了整个基础教育的教学研究。

行为主义的核心概念被简化为"刺激－反应(S-R)"联结，桑代克是这个理论的开创者，后经过华生、斯金纳等发展。行为主义的意义在于重视对学生学习行为和习惯的规范培养，是实现有效学习的一个基础。

认知主义理论的核心是促进学生学习发展，皮亚杰是这个理论的开创者，后经过加涅、布鲁纳、奥苏贝尔等学者的完善与发展。其意义在于注意激发学生的学习动机，开展主动发现的、有意义的学习。这对教学设计和备课都有着很好的启示。

建构主义理论主要是在认知主义的理论基础上发展而成。建构主义学习理论认为，"情境"、"协作"、"会话"和"意义建构"是学习环境中的四大要素。通过探索到发现，是其知识获得的基本途径。可以说，建构主义是当前影响教学模式改革的最重要的理论，并是在一定意义上指导当前备课的主要理论。

4.方法论与策略论

方法和策略是从哲学层面对备课工作的理论指导。方法论的学习借鉴可以使教师的备课更加有效,尤其关于"比较法"、"顺序法"、"联系法"、"组合法"等一系列的方法论,是对备好课的很有效的指导。

(二)备课的策略[1]

1.把握教学方向

制定教学目标是课堂教学设计的关键一步,是顺利完成教学任务所要达到的要求和标准,是教学活动的出发点,也是归宿。新课程下要求教师备课的有效目标必须把握三维目标,即知识与技能目标、过程与方法目标、情感态度与价值观目标。教师的备课应注重三维目标的联系与统一,体现学生全面和谐的发展。确定目标时话语要精确、清楚、简洁,不能含糊、啰嗦。要防止模式或程式化,一定要从教学内容实际出发,绝不可机械求全,也不可遗漏目标,更不可随意放弃目标。

备课中,着力解决的问题是把课程目标转化为教学目标,这也是难点问题。首先应从"教学目标"的分析入手,将"三维目标"的思想理念融入课堂教学目标,实现两者的整合。"三维目标"的三个维度是紧密联系的而不是孤立的,它绝不是割裂地独立成三个部分。对于"情感态度与价值观"目标,它常常渗透在平时的学习过程与方法的运用中,渗透在对知识的掌握之中,也同样体现在师生交流合作中。教师只有对"三维目标"内涵有了真正的理解和把握,才能对教学内容有深入的分析和领悟,进而获得提高。

案例1-1 一位教师在教授《春日》这首诗时制定的教学目标

(1)借助文中注音和录音朗读,体会词的节奏特点,练习正确、流利地朗读课

[1]胡国卿.新课程背景下的有效备课[J].新课程研究,2011(11).

文，能熟练背诵《春日》。

（2）在教师的指导下，参考文中注释、插图以及课外补充资料，正确理解这首诗的大概意思。

（3）在教师的指导下，凭借词中描写的景物，想象美好的画面，进而初步体会词的意境与诗人表达的情感。

这样的教学目标，既看得到学生在课堂学习中的行为目标，也看得到通过学习后的发展目标；这样的教学目标，既利于组织实施，也方便把握与检测，因而，其达成效果一定更加理想。

2.分析教学内容

教学内容是指为实现教学目标，要求学生掌握的知识、形成的技能和体验的学习经历的总和。分析教学内容是为了实现有效教学提供内容方面的准备，它指根据教学目标，教师对学生所需掌握的知识与技能等学习内容进行充分分析，并旨在揭示出各个组成部分之间的联系。教学内容分析解决了学生"学什么"的问题，为教学目标的确立提供了依据；也解决了学生"如何学"的问题，为教学策略的制定提供依据；同时，为教学资源的开发也提供内容依据。

课程标准在实施建议中，对教材的编写进行了说明，这为教师更好地理解教材编写的目的，进而为实施教学提供了依据。以此为根本，解读教材，吃透教材，超越教材。解读教材，树立新的教材观有助于根据教学目标恰当选择科学的教学方法。吃透教材，深层次地理解和感悟教材，把握知识点纵横联系，挖掘教材内涵。超越教材，把教材内容心理化、问题化、实践化、结构化，对教材进行再创造、再组织，"用教材教"而不是"教教材"。

3.掌握教学对象

新课程的核心理念是"一切为了学生的发展"。教师只有全面了解学生，掌握和分析学生的需求，才能做出适合学生发展的课堂教学设计，才能更好地引导和组织学生进行有效的课堂教学活动。

在新课程下，教师的角色是学生学习的组织者、引导者和合作者。激发学生学习的积极性、创造性，为学生提供从事自主活动的机会，让学生真正成为学习的主人。因此，教师要根据学生的心理及年龄特点、学习基础和兴趣态度等情况合理地组织教学，打破传统上所谓的"一刀切"，要了解学生的基础水平和能力。教师在备课时要想方设法找到学生学习的兴趣所在，在教学中生动而清晰地向他们展示一个具有吸引人的知识天堂，同时注重培养学生自我探究，让其充分地拥有发表自己意见的空间。对不同意见要充分尊重，当出现有创意的解答时，教师要及时给予肯定和赞扬，鼓励学生们的质疑与求新，培养他们的创造性思维方式，激发学习动力，培养学习兴趣，从而达到良好的学习效果。

4.注重备课形式的多样性

传统的备课形式，教师们多把备课当成了"背课"，而新课程下要求的新的备课形式应该是灵活多样的，要因课程内容的不同，教师上课的特点也相应不同。

在确定教法方面，教学方法的设计是集体备课中重点研讨的内容，它包括教学思路、课堂结构、教学重点及难点的突破等。目前普遍采用的教学方法有讲授法、谈话法、读书指导法、讨论法、练习法、实验与实习法以及自学法和发现法等。备课时要考虑课堂上实际，运用方法灵活开放，做到充分预设，应对合理。课堂有许多不确定性和随机性，教师应根据教学需要，贴近学生的实际，恰当地采用一种或多种方法，做到兼容并蓄、取长补短；同时在教学方案中为学生留下主动参与的时间和空间，为教学的动态生成创造更加适宜的条件，使师生积极互动，更加发挥出学生的创造性来。

基本功之一　备课

在备课资源方面，课程资源包括教材、教师、学生、家长以及学校、家庭、社区中所有有利于实现课程目标、促进学生个体全面发展和教师专业发展的各种资源。比如媒体信息，主要来源于文章、报刊、图书馆等方面，这是教学资源中较活跃的因素，具有直观、快捷、丰富、生动等特点，易于收集整理；比如生活信息，家庭、学校、社会都有大量的学生感兴趣的与学科有关的相关问题，为了激发学生的学习热情，强化学生的社会实践意识，提高学生正确分析问题和解决实际的能力，把教学内容和学生的生活实际联系起来，同时，还可以开阔教师的视野，转变教师的教育观念，更好地激发教师与学生的创造性。这些宝贵的资源，丰富多样，教师应充分挖掘合理资源，灵活运用。

三、备课的反思[1]

一个完美的备课过程，应当包括课后教学反思。课后反思性备课对改进备课的功效更加重要，并且可能更明显。

（一）反思的内涵

反思是人有意识地考查自己的行为及其情境的一种特有行为。教学上的反思是指教师自觉地把自己的课堂教学实践作为认识对象，进行全面而深入的冷静思考和总结，能够进一步提升教师业务水平，这是对自己的教学行为、教学观念和教学效果的再认识、再思考。教学反思有助于让教师发现问题、改正问题、思考问题，不断地进步与升华。教学反思的钥匙就在于教师要敢于怀疑自己，敢于突破自己，只有这样才能不断地向高层次迈进。

（二）反思的内容

1. 教育理念的反思

教育理念是指教师的教育观念，它是在对教育工作本质进行理解的基础上形

---

[1]张天扬.对中小学教育教学反思的思考[J].教育探索，2012(01).

成的。理念指导行为，直接影响教师的教育态度和效果。在传统教学中，单调封闭的教学模式往往会使学生失去了好奇心与想象力，更丧失了求知欲，影响了他们能力的形成。因此，一个优秀教师要坚守以学生发展为本的教育理念，既要教给学生科学知识和基本技能，又要使学生学会学习、学会思考、学会生存、学会发展，使学生成为学习的主人。

2. 教学目标设计的反思

对教学目标设计的反思是教学反思的重点，因为指导和规范教学内容和教学过程即为教学目标。首先，要反思教学目标的设计是否准确、规范和合理。其次，要关注教学目标的层次性。要在遵从学生的认知规律的前提下，由浅入深逐步地进行，循序渐进。此外，教师还要在教学活动中关注不同层次学生的个体差异，正确把握教学的深度、广度和难度。最后，教师一定要充分掌握教学目标的内涵、要求及评价标准，有助于正确地评价教学效果，检测学生的学习情况，提高教育教学质量。

3. 教学过程的反思

教学过程是教学的核心，反思教学过程包括以下几个方面的内容：

第一，对教学内容的反思。教学内容涉及教师"教什么"和学生"学什么"，是课程改革要解决的主要问题。一方面，要反思教师能否合理地调整和编排教学内容，突出教学重点，突破教学难点，抓住教学关键。另一方面，要反思教师能否灵活运用好教材，能否根据教学目标、课程标准和学生情况精心地处理和补充好教材内容，将知识内容转化成学生感兴趣的问题，这是教师驾驭教材能力的集中表现，也是一种教师再创造的活动。

第二，对教学方法的反思。教学方法是解决"教师怎么教"和"学生怎么学"

的问题。教学过程中要设置具有启发性的与实际相结合的材料，多问学生"为什么"，以激发学生的求知欲，同时，教师要进行学法指导，教给学生学习方法，让学生在学习过程中感受知识的形成过程，培养学生自主探究的学习能力。最后，教师还要反思教学方法的多样性，围绕教学目标、围绕激发学生的兴趣和培养学生能力等方面来恰当地使用多种教学方法，生动而有意义。

第三，对教学有效性的反思。提高教学有效性是每位教师追求的目标，是教学的起点，也是归宿。首先，要反思学生"学"的有效性。学生的学习质量是否得到了提高，课堂上学生是否发挥了主动性、探究性、创造性，是否创设了师生、生生之间双向互动与情感交流，是否真正达到了合作探索、共同发展的教学氛围等。其次，还要反思教师"教"的有效性。要关注学生到底需要什么、有什么困难和究竟需要什么帮助。要多反思自己都教了什么，学生到底学会没有，把自己认为的有效性真正地转变成促进学生发展的有效性教学。

(三)反思的途径与策略

教学反思可通过一些方法得以实现，提供几种途径以供参考，有研究式反思法、自我提问式反思法、观摩与研讨、体验与撰写反思日记、案列分析研究法等。教学反思已经成为教师的一种存在方式和专业生活的方式。它有益于教师的思维活动和在学习活动中激活教师的教学智慧，探究教材新的表达方式，构建师生互动机制及学生学习的新方式。

总之，在科学日益发达的今天，我们要认清形势，要不断补充知识量，完善自己的知识结构，认真备课，精心备课，使备课真正意义上为教学服务，让其成为新课程下教师应具备的有效教学基本功的基础，并不断发展。

基本功之二　教学设计

根据北京师范大学教育技术学博士杨开城与李光文的描述，"教学设计是运用系统方法分析教学问题和确定教学目标，建立解决教学问题的策略方案、试行解决方案、评价试行结果和对方案进行修改的过程"。因此，在教学过程中教学设计的准备显得尤为重要。

一、教学设计的内涵与特征[1]

教学设计(Instructional Design，简称ID)自20世纪60年代以来，已逐渐发展成为教育技术领域的一门独立学科。自20世纪80年代传入我国，对其概念的界定不一，有"计划说"、"方法说"、"技术说"、"方案说"。教学设计在广义上指的是包括课程总体设计规划以及具体各门课程设计在内的系统设计。在狭义上，教学设计指的是某一门课程或某一段课程的设计。教学设计包含的组成部分有目标、内容、结构、课时等。[2]

教学设计的不同根据研究工作者和实践者的不同而有不一样的理解。实际上的差别并不是太大。所谓"教学"必然涉及到教和学的统一。加涅等人在新版的《教学设计原理》中曾经非常精辟地表达了这样的观点：任何一个"教学系统"也能称

[1]皮连生、刘杰.现代教学设计[M].北京：首都师范大学出版社，2010.

[2]黄素蓉、张妍.教学设计的内涵、特征及其发展趋势[J].重庆与世界，2010(27).

为"学习环境"，因为两者都是指促进和支持学习互动过程中的一组相关要素。

教学设计可以在不同层面上进行。例如考虑到有学生跟不上班级进度，预先准备一些补救教学的材料等，也可归入教学设计范畴。不过在系统教学设计角度上，教学是一个完整的结构，教师对教学的设计应针对完整的体系进行。加涅认为现代教学设计有五个特征，如下：

（一）教学设计旨在符合个体学习需要

加涅认为，虽然学生被组成班级或其他团体，但学习发生在团体中的每一个成员身上。所以在理论上教学设计应符合每一个学生的需要，适合每一个学生学习的特点。

（二）教学设计必须符合实际学习条件

加涅说："在考虑个人的能力是如何发展的问题时，仅说能力是什么是不够的，我们还必须深入考察能力是如何习得的问题。教材不仅要反映编者所知道的东西，也要能反映人们希望学生如何学习这些知识。教学设计必须相应地充分考虑学习的条件。"

（三）教学设计应该以经验体系为依据

教学设计的系统观认为，教学设计包括许多步骤，始于需要和目的的评估。每一个教学步骤的决定都要以经验证据为依据。每一步骤都导致新的决定，这些决定又成为下一步的"输入"。而且每一步骤要针对来自下一步骤的"反馈"证据予以检验，以提供系统效度的指标。如此，整个过程就会尽可能地基于人类理论智慧限度之内。

（四）教学设计的周期要有长有短

短期的教学设计是教师上课前所作的准备工作，长期的教学设计包括一个学期或一门学科的教学设计。后者可以由教师个人进行，也可以由教师、课程专家和媒体专家合作进行。

（五）教学设计指导个人发展

某些人本主义教育家认为："好的教育只为受教育者提供有养育作用的环境，让学生在其中以他们自己的方式成长，不必外加任何计划去指引他们的学习。"加涅反对这种观点，他认为，教学设计是确保所有学生都有最充分地运用自己的潜能的平等机会。

二、教学设计的内容要素

一个完整的教学设计过程应大致包括以下：

（一）教学目标的制定

在课程标准的精神下，教学目标的制定要针对教学内容和学生实际，注意从全面培养学生科学素养入手。教学目标主要有三个特征：

1. 整体性

三维目标的关系是一个整体，它包含知识与技能、过程与方法、情感态度与价值观三个方面，彼此互相联系、融为一体、不可分割、互相渗透。

2. 主体性

主体性包含学生自主性、主动性、超越性及科学精神的生成。它是一种从学生的角度出发，体现出教学过程由教师主体向学生主体的形式转变过程；使教师角色变为参与者、帮助者、引导者，真正实现学生的主体发展地位。

3. 层次性

学生之间的差异不可否认，所以制定目标时应考虑到全体学生都应达到的应知要领的基础要求，同时也要提出培养学生个体特长的发展目标。一般体现三个层次，即基础目标、发展目标、开放目标。

（二）教学资源的利用

教材是最基本的教学资源，也包括教科书和练习册等；另外是教学用具、教学课件、补充资料等的选择利用，有些则需要根据自己的理解与能力开发。

（三）教学环境的设想

主要是指设施配套与教学氛围的创设，要注意根据学校的条件，设法充分利用。教师在教学设计时，要最大限度地实现和发挥教学环境条件的功能与作用。

（四）教学方式的设计

教师要能够科学而准确地研究和分析学生的特点，有针对性地选择和运用相应的教学方法。教学方式同样受教师的教学经验和个性特点影响。只有能被教师充分理解和把握的教法才有可能在实际教学活动中有效地发挥其功能作用。

（五）教学过程的设计

一般要根据教学内容的知识结构、难易程度、学生认知规律来设计教学过程。我们可以试着从下面四个方面着手有效地设计教学过程：

1. 提出问题：创设问题情境，以有趣的形式引发学生的求知欲和好奇心。

2. 问题解决：围绕学生已有的认知经验，运用恰当的教学组织方式，引导学生主动参与交流讨论，实现解决问题的过程。

3. 得出结论：引导学生自主得出结论，允许不同结论的存在。

4. 开展评价：通过评价，分析彼此的长短处，总结方法与已有方法的不同之处，反思合作性学习的有效性，落实促进学生的发展。

（六）教学活动的设计

比如新课程提倡通过教学活动增加探究内容，发展学生的科学素养。

（七）教学评价的设计

评价的诊断功能和启发功能都需要发挥，所以教学评价设计可以包括作为评价依据的作业系统设计以及对学生反馈的设想等。

三．教学设计的发展趋势与转变方向

影响现代教学设计的两个因素，一是学习论和教学论的发展，二是教学技术，特别是计算机技术和网络媒体的发展。教学设计将随着这两个因素的发展而不断发展。

(一)因素一：学习论与教学论的发展

新课程下，教学目标由知识能力、过程方法、情感态度和价值观多元价值取向组成，教学对象不再是单一的，而是个性化的，教学内容也更加具有综合性。因此，要想真正实现新课程改革下所想达到的教学目标，必须完成教学设计的两个方面转变：

1.从经验主义走向研究性主义

教师工作最显著的特征就是其实践性，在实践的过程中，教师积累了丰富的教学经验，但往往在实际中，教学逐渐演变成为一种开始时承袭他人，到后来重复自己的一种机械运动。面对这种现象，新课程下，教师在已有知识和经验的基础上，应对以下几个方面予以重视：

(1)教学内容的开放性

教学研究的思想方法体现在内容的开放性上，它有利于为学生个别探索和准确认识自己提供空间，也便于教师的因材施教，对学生思维的灵活性和发散性的培养也起到一定作用。构建开放性的内容主要从两个方面进行，其一是内容本身的开放而获得新问题的提出，其二是内容解决方法的开放而获得新思路生成。

(2)教学设计的创造性

目前解决教学问题的途径并不是单一的，创造性教学是学生在教师的引导和帮助下求得自身发展的过程。教师为学生提供有利的、有帮助的、有结构的材料，这些材料用于学生的积极思考、动手、实验、探索，因此而刺激学生的好奇心和激发学生探索的兴趣，这就使他们获得了丰富和具体的知识，充分地发展了他们的观察力和探究能力。

（3）教学方法的互动性

新课程改革下，注重学生学习方式的转变，即"自主、探究与合作"。这就希望通过师生、生生之间产生一种交流互动，充分发挥学生的主体意识和主观能动性，使学生从具体问题的分析过程中得到启发，以此来更好地改善课堂教学效果，加强学生能力发展。

案例2-1　排列问题的优秀教学设计[1]

题目：将编号为1、2、3、4、5的5个小球放进编号为1、2、3、4、5的5个盒子中，要求只有两个小球与其所在的盒子的编号相同，有多少种不同方法？

设计：

①仔细审题：让学生仔细审题，清楚这是一个"排列问题"。

②转换题目：让学生为1、2、3、4、5的学生坐到编号为1、2、3、4、5的5张椅子上，要求只有两个学生与其所坐的椅子编号相同，问有多少种不同的坐法？

③解决问题：选另一名学生来安排这5位学生坐位子，班上其他同学积极思考，最后统一看法：先选定符合题目特殊条件"两个学生与其所坐的椅子编号相同"的两位同学，有10种方法，让他们坐到与自己编号相同的椅子上，然后剩下的三位同学不坐编号相同的椅子有2种排法，根据乘法原理得到结果为2×10=20(种)。

④学生小结：学生之间互相讨论，提出此类问题的解决方案。

⑤老师总结：对于这一类占位子问题，关键是抓住题目中的特殊条件，先从特殊对象或者特殊位子入手，再考虑一般对象，从而最终解决问题。

2.从静态主义走向动态主义

新课程改革下，强调以学生为主体的教学模式，将学习活动的重点放在学生

---

[1]孔亚峰.新课程理念下教学设计的两个转变[J].数学通报，2005(44).

与社会环境及生活的相互联系和作用上，使学生能够亲身感知教学内容在实际生活中的变化的过程，通过自身主动性的观察、探索、思考以及同学之间的合作交流获得知识。这使得课堂教学实现了由"静"到"动"的转变，课堂不再是教师一味地单纯地"教知识"、"灌方法"，而是与身边联系，符合STS教育思想，使得教学课堂真正焕发了生命的活力。

（二）因素二：教学媒体技术的发展与变化

教学中涉及大量的信息内容。对教学进行设计时，在考虑教学的过程、教学的方法等方面的同时，还要考虑教学媒体，即如何有效使用这种信息交流的媒介。媒体在传统理解上指承载并传递信息的载体或工具，如报纸、书刊、广播、电视、互联网等。而教学媒体是承载和传递教学信息，载体或工具。教学信息指学生学习的内容，也包含教师向学生发出的指导、提示、提问等信息。因此，教科书、黑板、粉笔、实物、投影、录音录像、计算机教育软件属于教学媒体，另外，教师的言语表情、身体姿势等传递了教学信息，也被归属于教学媒体之中。现代教学媒体是面向社会的，现代教学媒体从社会环境中引入到教学领域，给教育教学提供了更加便利、直观、生动的教学方式。因此，新课程下的教学设计也应结合现代教学媒体技术的发展而不断变化。

四、教学设计对教师发展的意义

教学设计是教师开展好教育教学活动的基础性工作和重要环节。前期的教学设计关乎到能否上好一堂课。所以，教学设计的过程为教师了解和解决教学中的问题，提高自身教育教学质量，起到十分重要的作用。

（一）强化教师实施教学的目标意识需要教学设计

教学目标指导和支配着整个教学过程，是一切教学工作的出发点和归宿。教学目标是教学设计的重要组成部分，是做好教学规划的前提。衡量教师是否具有教学能力的重要指标就是一名教师是否具有教学实施的目标意识、能否正确确立教学目标。首先教师在实施教学的过程中，要能够按照教学目标确立方向，进行有序教学。其次，教师具有明确并规范表述教学目标的能力，更加明晰教学行动的目的性。

(二)提高教师课堂教学的设计能力需要教学设计

教学设计是根据教学内容、教学环境、教学对象和教学目标等因素，综合确定合适的教学起点与终点，将教学诸要素有序、优化地安排，形成可操作的教学方案。它需要综合考虑诸多要素，比如课程内容、教学环境、教学条件、教学对象、教学能力等因素，以此来得到具有可操作性的教学实施方案。

在教学活动中，教师的教学能力直接影响到教学活动的效果。教学设计过程需要教师具有一定的专业知识、专业能力、教学经验、研究水平和创新意识等，我们称之为教师的教学设计能力。教学设计能力是需要经过实践过程的磨砺和教学过程的应用后，得到循序渐进和螺旋式提升的。因此，教学设计能力是教师教学能力的重要标志。

(三)畅通教师职业能力的发展路径需要教学设计

教师职业能力即教育教学能力，是从事教师职业所必须具备的特殊能力。教师只有在一定程度上具备这种能力，才能保证教育教学活动顺利开展并取得良好的效果。现代教师的职业能力由教育能力和教学能力两方面构成，如教学组织能力、掌握教材能力、驾驭课堂能力、语言表达能力、组织活动能力和实际操作能力等。教师开展教学设计时要涉及教师职业能力的方方面面，也就是说，教师教学设计的质量如何，有多大的可操作性，对教师的职业能力的发展状况都起着决定性作用。

教师在开展教学设计时，要进行思考和研究的关联因素很多，需要综合考虑，以有效解决"怎样教才更好"的问题。例如，对教学过程(或称教学程序)的设计，教师就要综合考虑学生的学习基础、教学重点、教学难点、媒体选择等因素，以有效地对课堂教学的程序做出合理预设。教师应研究、交流、实施、总结自己教学设计的规划思路，并不断坚持走研究、设计、交流、实施、反思、改进等循环往复的连续性道路。这样的过程，实质上是教师的知识和经验不断积累的过程，也是教师的课堂问题解决和决策能力不断发展与提高的过程。就是这样的实践过程，不断深化和完善着教师职业能力发展的畅通路径。

(四)形成教师专业成长的常态方式需要教学设计

人有什么样的习惯，就会有相对应的品质。教学设计是教师常态教育教学工作的主要任务之一，是一项基于教学问题而不断思考、研究、实践的过程。教师在教学设计过程中，不断地研究怎样进行教学，如何使教学做得更好，是教师常态化教学研究工作的核心内容和主要行为。教师的日常教学离开了这样的思考和研究的过程，其专业发展的根基和目标将失去重心和方向，教师的教学质量也就无从谈起，发展的能力将逐渐退化。当然，教师专业成长是不能一蹴而就的，需要日积月累，其常态化的发展形式和组织约束力更是至关重要的。从某种意义上讲，明确发展方向定位，找准常态发展方式，就为教师的专业发展奠定了最有价值的基础。

俗话说习惯成自然、自然见风格。从教师教育教学达成的有效性、发展性来讲，教师的教学习惯、自我发展模式是举足轻重的，是个性化的，是形成教学风格的基本要素。教学风格的形成，既有外在推动的因素，又有自身素质的个性化特征，两者是相互渗透、相互协调的关系。

(五)搭建教师合作发展的研究平台需要教学设计

在新课程理念下，基于解决教学实践中的问题，着眼于促进教师专业化的发展，校本研修制度应运而生。在校本研修中，只有教师的发展才是价值的主体，真正的发展价值应该从教师的实践中生发出来，而不是从外界引入。让教师能够成为价值构建的主体，很重要的一点是教师的实践经验与课程改革所提倡的教育价值之间的耦合。建立集体备课制度，并通过集体备课促进教师专业发展和教学质量的提高，有两个关键因素：一是要有规范的管理机制，在保证教师群体参与度的基础上，注重参与的质量和效果；二是研究的核心问题必须是课堂教学的中心问题，避免抛开要点而环顾其他。在这里，必须明确的是，构成集体备课中心问题的载体就是教学设计。要使教师在集体备课中能够围绕教学中的问题，程序性、策略性、目的性地研究教学过程、设计教学程序；要使每位教师的教学设计思想、策略、方法在交流、辨析、优化的过程中，都能得到升华和发展。从这个意义上讲，对教学设计集思广益、追求有效教学的过程，显现了教学设计促进教师专业发展的实践功效。

目前，集体备课和跨校、跨县组合的教师团队教学研究活动十分活跃，其中研究如何设计教学就是一个重要的研究主题。教学设计已经成为长周期、高频率、多因素、练内功的教师合作和交流载体。无论是对教学设计本身的研究，还是对课堂教学的实践性研究，教学设计理所当然地成为促进教师合作发展的研究平台。

所以，新课程理念下，教师针对教学设计应对自己提出更高层次的要求。面对新课程，做到充分理解内涵，扎实基础。教师行之有效的教学设计活动将成为长期助推教师专业发展的强大动力，成为持续促进教师专业发展的实践力量。

基本功之三　板书设计

古语云："师者，传道、授业、解惑也。"这句话明确了教师的职责。

板书是课堂教学的重要组成部分。它能将课程内容系统化、条理化、形象化、直观化，有助于突出教学重难点，更有助于提高课堂教学质量。但多数教师忽略了一个问题，即传统教学的精髓——板书。板书在课堂教学中着实有着不可替代的作用。一个好的板书能使一堂课的内容在学生的脑海里根生蒂固，因此板书设计在课堂中也显得尤为重要。

一、板书与教师、学生的关系[1]

首先板书是教学的最主要、最常见、使用频率最高的传统媒体。在板书设计过程中，教师应该是主体，学生是受体。教师是教材的研究者，是板书的设计者。学生是板书的接受对象、受众，教师设计的板书通过学生发挥作用。板书的好坏、优劣决定于教师，板书作用的发挥却取决于学生即板书的受众。因此，教师要注意学生的反映、反馈，以学生"喜闻乐见"作为板书设计的主要标准。使板书真正成为教材的"微缩"艺术、课文内容的"镜子"、知识信息的"集成块"。从这个角度看，教师作为板书的主体，任重道远。他必须承受受众反馈的结果，必须听取学生的建

[1]彭小明.教学板书系统论[J].教育评论，2003(04).

议、意见,必须重视课堂的效果。也只有这样,板书才能承担起"最主要的教学辅助手段"这一责任。

二、板书设计的基本特点[1]

（一）明确的目的性

首先,板书设计要符合教学目的,体现教学意图,注重联系教材特点和学生的实际。板书是为了帮助学生了解课程的中心内容及知识的结构层次的媒体。学生通过板书可掌握教师讲授的顺序和思路,抓住重点和难点。因此,板书在与教师的讲述紧密结合下能够更好地完成教学任务。

（二）周密的计划性

1.板书布局合理

板书的合理布局是指对在黑板上要书写的文字、图表、线条作出严密、周到的安排,符合书写规范要求,也充分利用黑板的有限空间,使整个板书紧凑、匀称、协调、完整、美观。在教学中常用的板书布局方式有以下三种:

（1）中心板。以黑板中心为主板,内容固定设计不擦除;黑板两侧留有少许板面,以供辅助板书使用,随用随擦。

（2）两分板。板面分左右两块,左侧为主板,不擦除,右侧供辅助板书使用。

（3）三分板。以黑板左、中为主板,内容始终不擦除,右侧为副板,供绘图或补充说明时使用,随用随擦。

2.板书顺序合理

讲授与板书的前后顺序有以下几种情况:

（1）写一个分题讲一个分题。这是最常见的方式。这种方式讲写结合,较好地

---

[1]孙若东、刘健英.现代课堂教学对板书设计的基本要求[J].卫生职业教育,2008(05):26.

控制学生的注意力，便于学生使用教材。

(2)先板书后讲授。教师在讲课开始时先把几个概括好的分题写在黑板上，然后再分解。每个分题板书的内容随着讲述写在分题的后边。这种板书适用于复习课，有助于学生对整个复习内容概括和了解，有体系和条理性。

(3)讲完一段内容再板书。比较适合有实验内容或探究内容的课堂教学。组织学生进行实验探究后得出结论，然后板书。这种方式符合学生的认知规律，更加深学生印象。

(4)全课讲完再板书。这种方式适用于多媒体教学。教师通过多媒体进行教学，然后通过总结，让学生对知识进行回顾，加深了学生印象。

教师在教学中无论选择哪种板面布局方式及采用哪种书写顺序并无定论，教师可根据自身的需要和对教学的设计进行板书的相应设计。

(三)高度的概括性

板书要简洁明了，做到结构严谨，语言精炼。如果书写过多，就会影响师生互动，使学生忙于抄笔记而影响听课效果。

(四)较强的针对性

板书应具有针对性，可根据学生的接受能力、纪律好坏等决定板书的内容。学生接受能力强、课堂纪律好的班级，学生注意力集中，板书可以较简单，概括性较强；学生接受能力差、课堂纪律差的班级。板书可详细些。因材施教、有的放矢才能取得更好的教学效果。

(五)清晰的条理性

板书是教学过程中教师留给学生的重要学习资料，它是清晰而直观地呈现在学生面前的。教师应在对教材进行深入钻研后设计板书，注意板书的条理化、系统化。切忌边讲边写边擦，使板书失去完整性和条理性。

（六）严谨的科学性

教师要注意板书内容的准确无误、结构合理。板书直观地呈现在学生前，对其有直接的影响，因此，书写的内容必须正确、完整，用词准确、书写工整、字体清晰，避免出现错别字，保持专业术语的完整性。

（七）一定的启发性

在课堂教学中，教师语言的运用、教具的使用可以启发学生学习，但板书也是一种重要的教学方法和不可忽视的途径。通过板书的知识归类、内容串联、区别对比等，也可充分调动学生求知欲，加强教学效果。

（八）较强的审美性

板书要给学生以美的感官与影响。板书设计要做到纲目层次清楚、内容准确无误、形式结构合理、文字工整流畅、图像符号清晰美观、布局匀称得体、大小颜色适度（适当用彩色粉笔书写）。所有美的事物更易于人们接受，黑板上的知识也是同样道理。

三、板书设计的基本方法[1]

介绍几种课堂上简单而常用的板书设计方法，如下：

（一）摘录提纲法

教学板书可以采用"语句摘录"方法设计板书。所谓"摘录提纲法"就是摘录教材富有意义和标志的中心句，比如段中主句或关键词句。这种方法简便易行，但要基于教材自身内容，提纲挈领，准确明确其结构的条理性。

（二）概括归纳法

所谓"概括归纳法"就是用简洁的语言抽象教材内容，归纳教材知识的方法。

[1]杜维丽.教学板书设计的方法[J].中华少年：研究青少年教育，2011(11).

将教材内容的知识进行抽象、升华、深化。这种板书设计依据教师对教材的研究、分析及自身的概括能力。这种高度的概括对培养学生的抽象思维能力也有较好作用，同时加深对知识的深刻记忆。

(三)图形示意法

板书设计用"图形示意"，即用符号、线条、图形，配以简要文字表示教材内容，使抽象的教材内容具体化，使深奥的知识变为浅显直观化。这种方法通过教师对教材认真的钻研、高度的概括、独到的表达，可以反映出教师的兴趣爱好、个性特长、技艺技能及审美情趣，也提高学生学习的主动性。

(四)表格解释法

表格以其简单明了、整齐清晰的优点广泛应用于教学之中。它几乎可以服务于任何文章和教材章节的教学式板书。它还具有最大的特点是信息量大、条理清楚、整齐对称、呈现形式直观有效。

(五)比较对照法

比较能起到深化、强化的作用，板书上也同样可运用比较对照的方法。比较有许多方法，从性质上分有纵比法、横比法、定性法、定量法等；从内容上分有人物比较、结构比较、手法比较、风格比较、情景比较等。因此，比较法用在总结复习、单元教学上，效果更好。

四、板书设计的作用[1]

课堂教学是一个复杂的系统性的教育活动。课堂教学包括讲解、提问、练习等手段，一堂好课有多方因素为其服务，板书设计就是一个不可忽视的课堂教学辅助手段。同时，板书设计是教师在备课中构思的艺术结晶，是学生感知信息的直观

[1]胡怡亭.浅谈课堂板书设计与教学效果之关系[J].青海师专学报(教育科学)，2009(06).

基本功之三　板书设计

渠道。中心突出、命题新颖、条理清楚的板书，是对知识内容概括提炼的精华所在，它不仅对教师的讲述起着提纲挈领、加深印象的作用，而且还有助于学生理解内容，培养能力。

因此，课堂板书设计得当与否能直接影响到课堂教学效果。

(一)提纲挈领，整体突出

在板书设计中的整体性原则，实际上是教师的教学思路的清晰和教学重点的突出反映。教师首先要从全局出发，考虑结合学生视觉心理因素，进行整体的审视和谋划。其次，教师针对一堂课的板书所给出的信息量要适宜。太多、太杂，这样既不利于教师操作，也不利于学生接受，显示不出整体效果。如若过于简单，也会使学生该掌握的知识没有掌握，也不足取。系统性地衡量和传递知识的"量"与"度"，达到适量、适度，在整体中突出重点，效果将会更好。

(二)方式多样，布局科学

对于课堂板书的布局不是可有可无，要讲究布局的科学性。教学内容的内在逻辑性就体现在板书布局上。科学的板书布局大体有以下几种方式：一是有序、合理。通过突出主题来突出重要信息。要避免喧宾夺主，同时也不能遗漏知识点。有的内容只需点到为止，有的则需要详细分析。二是层次分明。或左右对称，或疏密相间，或层层推进，或前后呼应，或错落有致，要通过条理清晰的层次显示出独特的教学效果。不论采用哪一种布局方法来构建板书内容，都要时刻谨记教学要求和教学目的，主要在于最后是否真正达到了教学目的，收到有效的教学效果。三是适当留白。教师在科学布局整块板书时，有意识地在黑板上留些空白可以使学生通过自己的认识和思考补上相应的内容。总之，具有科学性和技巧性的设计多种多样、千变万化，希望教师们积极思考、精心设计。

（三）规范简洁，语言适宜

教学的过程，是师生间相互合作、相互交流的过程。因此，板书语言同样要注意对象、环境、手段和效果。教师在整体布局时把握板书语言适宜度方面应该做到：

1. 语言规范。力求用肯定的语气，避免语意含糊不清，不得要旨，符合学科要求。

2. 简明扼要。简洁明了，以少胜多。精练而不啰嗦，凸显效果。

3. 用例典型。选用典型性、普遍性的例句做示范，使所示语句既具有普遍的指导意义，更具有一定的典型特征。

（四）字体优美，赏心悦目

一名合格优秀的教师，应具备的基本功之一便是能写得一手优美的粉笔字。这是板书的字体能否达到教学效果的重要环节之一。不仅仅是审美角度上的赏心悦目，也是为有效性教学的开展创造必要的条件。首先，板书的字体应当规范而不呆板，优美而不凌乱。旨在要让学生看清看懂，加深理解，达到预设效果。其次，教师在黑板上书写时切忌字迹潦草、龙飞凤舞，不要增加学生的视觉负担。教师在板书时应做到字体工整、清楚、美观。这需要教师通过长期的训练和刻苦努力。另外，板书字体的大小要适宜，应以全班学生都能看清楚为标准。优美的板书字体不仅能对一堂优秀的课起到锦上添花的作用，同时，也体现出一个教师的内在素质及个人风格，增添教师魅力，拉近师生距离。

（五）色彩分明，画龙点睛

教师在黑板书写时，应有意识地考虑借用一些彩色粉笔。板书中想突出知识的重点、难点可应用彩色粉笔。一般而言，板书的色彩以采用白色、红色、黄色这三种颜色为宜。板书的主体内容用白色粉笔显示，其余的部分则可根据教学的重点和难点，有所侧重地灵活使用彩色粉笔，以示醒目。这样，色彩分明，恰到好处，让学生一目了然。同时要切记颜色使用不要过多，太艳丽太繁杂的色彩反而会使学生眼花缭乱，分散学生注意力，减弱教学效果，影响教学目标的完成。

因此，一则好的板书设计，可以帮助学生理解和记忆教学内容；一则漂亮的板书，能够唤起学生美的情感，给学生以美的享受，板书设计是课堂教学的点睛之笔。

五、传统板书存在的问题与现代板书的设计改进

(一)传统板书存在的问题

第一，缺乏新颖性。缺乏新颖性，老是一套公式，呆板又千篇一律。情感上单调乏味，表达形式简单，缺乏吸引力。这样会使学生的兴趣缺失，甚至产生厌烦情绪。板书要实现目的就必须具有某种新的信息，常给学生耳目一新的感觉，并采用新颖灵活的形式。

第二，指向不明确。有的板书虽然设计精美，但没有指向教学的重点或教学目标，这也会给教学造成失误。板书要展示教学知识，就是要展示课堂教学的预定目标，必须指向教学内容的重点，也就是板书的设计都应该尽量指向本课的教学重点，或者是指向学习知识的结构、或者是指向学生学习的方法等。

第三，脱离学生的生活实际和认识实际。板书设计脱离学生的生活实际和认识水平，任意拔高或降低板书的知识含量，这样会使学生不是不解其意就是觉得无味。板书要切合学生的生活实际和认识实际，符合学生的年龄心理和情感心理，符合学生的生活阅历和认识能力，这样学生才易于接受，易于沟通，从而迅速进入预定的教学轨道，与讲解相辅相成。

(二)传统板书存在问题的原因

1.课堂教学中，教师对板书设计不够重视

板书是直观教学的一种重要手段、课堂教学的有机组成部分。在实际调查中

表明，有些老师在备课和上课时往往对板书没有引起足够的重视。认为板书的书写与否、书写优良与否是教学中的"小"问题。这种认为可有可无、随意书写、杂乱无章的想法和态度，势必会影响课堂教学的效果。好的板书是课程内容的纲要，也是课程内容和课程目标重点的体现。板书运用得好，不仅可以开启学生的思路，也可以帮助学生理清教学的重点难点，培养学生的逻辑思维能力。因此，教师在备课和上课时，一定要重视板书，用好板书。

2. 教师对于板书设计方法不够得当

比如板书设计的内容过于空洞。很多教师在课堂授课中，过分地依靠多媒体幻灯片的展示或者是教师语言的表达，往往忽略了板书的作用。就算写起来也往往是随性而涂，要么只写课题，要么黑板上"散落"些许关键字。黑板成为课堂上可有可无的器具。如此板书实在很难给学生留下深刻印象，非常不利于学生准确掌握知识，更不利于学生将所学知识体系进行固化。同样，也有的教师板书的设计杂乱无章、或过于繁琐，或过于单调。也有的教师对于板书的设计过于"猎奇"，不易于学生接受，反而弄巧成拙等。总之对于板书设计方法的不得当，也会影响教学效果。

3. 学生缺少学习积极性，课堂上被动机械接受

通过调查表明，部分学生在课堂上很少关注板书，更没有积极主动地参与课堂中板书的生成，跟着教师思维积极思考。课堂教学也是教学相长的过程。学生如果变被动接受为主动参与，充分重视教师课堂的板书，就有利于教师教学水平的提高，也利于学生本身对知识的掌握，进而提高学生的课堂学习效率，促进有效教学。所以，学生学习的积极性与主动性也需要教师的积极引导。如果教师课堂板书设计科学合理，有足够的吸引力，并充分发挥学生学习的主体性，会更好地促

进有效教学。

(三)现代板书设计的改进方法

第一，开放性。在新课程理念中，非常注重学生的主体地位，强调在课堂教学中必须认真处理好"预设"和"生成"的关系。为此，在设计板书的过程中，教师无须做到面面俱到，应适当留下空白，在虚实之中使学生的思维得到训练，为他们留下思考、想象及创造、发挥的空间，从而真正起到增强教学效果、开发学生潜能的作用，培养学生科学素养。

第二，艺术性。板书既要符合规范、科学的实效性，又要追求美的视觉和美的感受。它不是文字与线条的简单组合，而是一种教育艺术，是教师通过对教材中精华的提炼而精心设计并画出的直观图形，它既要有助于实现课堂教学目标，又要有利于让学生从中得到美的感受，提高学生的审美情趣。为此，在设计板书时，要充分考虑到板书的布局美、语言美、字体美、色彩美、符号美，使板书结构形成美观艺术的有机体，成为合理沟通教师、学生、课程三者之间的纽带。

总之，板书是教师课堂教学的一种艺术。它作为一种传播知识的技术手段，体现了教师对教学思想的理解，是教师凝结的智慧结晶，是一种影响学生课堂学习的重要手段。所以，教师应该认真地、科学地设计课程教学板书，充分发挥板书的教学作用，做到积极引导，发挥学生主动性，使学生真正成为课堂的主人。

基本功之四 课堂提问

当前课程改革的根本目标就是培养学生的创新精神和创新能力，以学生的发展为本，注重学生全面素养的提高。在这种课程理念下，传统的授课模式将会发生重大的改变。传统课堂中以教师为中心，学生处于被动的状态，教师采取满堂灌的形式，学生没有多余的时间进行思考与提问，教师也不允许学生提问，学生只需要跟着教师的思路走。这样一节课下来，学生脑子里都是教师硬塞进去的死知识，他们没有自己的思考与想象，自然失去学习兴趣，将学习看作是一种痛苦的事情。如果在课堂中教师能够通过正确的提问，引起学生的学习兴趣，引导学生进行积极的思考，而不是机械地接受知识，这样学生就会在原有知识水平的基础上，对新的知识加以整合，那么就会把知识变为自己的"学识"，变成自己的"主见"，变成自己的"思想"。与此同时，教师提问的过程也是师生互动的过程，在这一过程中，不仅增强了师生的交流，也提高了学生独立思考问题和语言表达的能力。

一、课堂提问的重要性

课堂提问是教学的重要手段之一，是教师开启学生心智、促进学生思维、增强学生主动参与意识的基本控制手段。通过向学生提问，引导他们给出答案，学生发展了各种各样的思考技能。同时提高了他们的学习的兴趣与积极性，学生的学习始于问题，只要有了他们感兴趣的问题，他们就会积极思考，努力寻找问题的答案，积极探索真理，积极通过各种渠道收集资料，在这些过程中，学生之间可以相互交流，使学生不仅学习到知识，发展思维能力，还能在创新能力和实践能力上得到提高。重视学生的思维发展，为思考而教学是新课程所提倡的重要目标之一。新课程特别强调创设基于问题探索的对话情境，倡导运用质疑将学习内容巧妙地转化成基于问题研究的探索模式，有效创设思维教学发展的契机。通过这些，学生可以学会如何解决问题，如何发挥自己的创造性，如何探讨各种问题。良好的提问，在于揣摩学生难于领会的问题，把握文章的主旨、脉络和作者的用心，抓住关键之处，要言不烦，相机诱导。好的提问不仅可以启发学生领会教学内容，检查学生掌握知识情况，还能培养学生的创新思维，调动学生的积极性。

首先，课堂提问能使学生对所学内容产生兴趣，并能够活跃课堂气氛。如果整节课教师一直是一个人在陈述知识，这样学生会不注意听课。学生就会分散注意力。如果教师能够提问一些学生感兴趣的话题，学生就会积极思考，踊跃发言。教学活动是教师和学生共同参与的活动，实现师生互动、双向交流的方法很多，其中常用且有效的就是恰当地进行课堂提问。一个好的问题犹如一条纽带，会将师生间的认识和感情紧密联系起来，架起师生双向交流的桥梁。其次，课堂提问能使学生知道重点，并使教师知道学生的学习情况。最后，课堂提问能培养学生的思考能力。教学中一个巧妙的提问，常常可以一下子打开学生思想的闸门，使他们思潮翻滚，奔腾向前，有所发现和领悟，收到"一石激起千层浪"的效果。美国心理学家布鲁纳说："向学生提出挑战性的问题，可以引导学生发展智慧。"启迪学生思维，发展其各种思维能力，这就是教学中提问的作用。

二、课堂提问的现状分析

课堂提问技能是教师运用提出问题以及对学生的回答作出反应的方式，以促进学生参与学习，了解他们的学习状态，启发激活学生思维，使他们最终理解和掌握知识、发展能力的一类教学行为。首先，提问技能应是一种反应方式，对学生的回答作出的反应方式，当学生回答问题后，教师要对学生的回答做出快速的反应，要思考学生的回答是否正确、切入点是什么、回答是否深入、学生的学习状态如何，如何通过接下来的提问使学生深入思考，同时教师在提问过程中也要注意语言的运用，不能否认学生的回答，要鼓励和引导学生回答问题和积极思考提出问题；其次这种提问的目的是使学生积极参与学习，努力思考，最后使学生获得知识、思维发展和能力的发展。

（一）很多无关主题的问题

无关主题的问题就是教师为了提问而制造出来的问题，没有达到真正的教学效果。

（二）无思考价值的问题过多

有时教师提出的问题不需要学生思考就会在课本中找到答案，这种问题不能锻炼学生的思考能力。

案例4-1 《最苦与最乐》教学片段

教师：本文写了几个自然段？

学生：5个。（齐声）

教师：对。那么哪几个自然段写最苦？

学生：1、2自然段。（齐声）

教师：好。那么有哪几个自然段写最乐？

学生：3、4自然段。（齐声）

教师：很好。那么全文按照什么顺序来写的？

学生：先分后总。（部分）

教师：非常好。看来同学们预习得很认真。下面我们开始逐段分析，先看第一自然段。

……

【案例评析】

课堂上教师和学生只是机械似的一问一答，看不出有同学的积极思考，也看不到学生是怎样将一些知识反馈给老师的。事实上，这种仅仅停留在观察和记忆表层的浅显问题大量充斥语文课堂，多数课堂只是表面热闹，活跃有余深度不足，学生的思维活动并没有深度地展开。

（三）所提问题没有从学生的生活实际出发

课堂提问要符合教学目标，从学生实际出发。如《祖国啊，我亲爱的祖国》中"我是你的十万万分之一，是你九百六十万平方的总和"一语是理解的难点，也是体悟朦胧诗特点的重要语句之一。教者若泛泛地讲朦胧诗的特点或诗句的理解要领可能效果不好，但若就此诗句设问："这两句话矛盾吗？从字面看两句分别是什么意思？如果进一步深入还可作何理解？"就可能激起学生探究与思考的热情，进而引发对看来矛盾的诗句的仔细品味。这样提问的重要意义不仅在于引导学生关注此诗，加深了对诗的印象，还在于可让学生从对诗的实际探求过程中悟到读诗的要领，跨进诗的大门，形成感悟诗的能力。同样，教授《荷花淀》时如问："水生嫂的性格怎样？你是从哪些地方看出来的？"、"你认为哪些环境描写特别精彩？"教授《装在套子里的人》时若问："别里科夫的哪些言行特别有趣？他的'怪'表现在哪些地方？"这都能较好地切中文章要处，引导学生直接把目光投向文章关键，从而很快突破教学难点，培养学生的阅读理解能力[1]。

---

[1]中学学科网.如何提高课堂提问的有效性[EB／OL].http：／／www.zxxk.com／huodong／2009jsj／Info.aspx？InfoID=4612，2005-08-19.

（四）教师的提问都是预设好的，让学生必须按照他的想法进行

不能使问题有一个明确的指向，就无法达到教学目的，而仅仅只是能"活跃"气氛。如有人教授《祝福》时问："迎春祝福祥林嫂不能参与祭祀，在她捐了门槛之后，四婶一句'你放着罢，我来拿'将她永远钉在十字架上，她的最终结局就只能在一片热闹的祝福声中悲惨地死去。这热闹的祝福，更强烈地反衬了祥林嫂的遭遇，那么，祥林嫂究竟是如何死去的？"这一问题着眼于问祥林嫂死的方式，从课文看很难找到令人信服的答案。倘若因学生的答案各异而就此展开讨论，那不过是将注意力分散到无意义的事情上罢了，因为就《祝福》而言，鲁迅先生要揭示的并非祥林嫂死的方式而是她死的原因，祥林嫂是封建主义余孽的受害者，不管怎样死，并不能改变这一性质，如果离开了这一点去谈她的死，实在是难免有与教学目的脱节的嫌疑，这样的提问是不足取的[1]。

案例4-2　一位教师的《乡愁》提问导语设计

有位教师上《乡愁》一课时，设计了一个提问导语，目的是让学生说出课题。

教师启发：如果有一个人到了一个遥远的地方，时间一长，他开始想念自己的亲人，这叫什么？

学生答：乡情。

教师进一步启发：可能是我问得不对，也可能是你们理解有误，我换一个角度再问，这个人呆在外乡的时间相当长，长夜里他只要看到月亮就会想起自己的家乡，这叫做什么？

学生很干脆地回答：月是故乡明。

---

[1]中学学科网.如何提高课堂提问的有效性[EB/OL].http://www.zxxk.com/huodong/2009jsj/Info.aspx? InfoID=4612, 2005-08-19.

教师否定：不应该这么回答。

学生不太自信道：举头望明月，低头思故乡。(抬头看看教师的脸色，又连忙换了个答案：月亮走，我也走)

教师继续启发：我只要求你用两个字回答，而且不能带"月"字。

学生胆怯道：深情。(好在此时有学生在下面接口"乡愁"，教师才如释重负)

【案例分析】

在这一教学过程中教师只是努力地让学生回答出他预设好的问题的答案，并不允许学生有自己的思考与答案，这种提问使学生的思想受到了束缚。

三、课堂提问的定义与要素

提问技能是指教师通过提问，并根据学生回答的情况，了解学生的思维情况和学习进度，提问技能是心智技能和动作技能二者相互配合、共同作用的一种教师教学基本技能。心智技能包括教师能够根据教学目标、教学内容和学生情况设计不同层次、类型的问题，并能够在课堂中选择恰当的提问时机、回答问题的对象和方式，能够根据学生对问题的回答进行正确的反馈和引导，动作技能包括教师在课堂上提出问题时的语气、表情、停顿、手势、走动等行为。提问技能也是一项基本教学技能，它广泛应用于教学的各个环节，并大量整合于导入、观察、讲解、结束等教学技能的设计与实施之中[1]。

提问技能的要素是一个完整的课堂提问过程所必须具备的主要成分，不管是什么形式的提问，都要包含这些要素，才能够真正成为有效的课堂提问。课堂提问技能的要素我们可以归纳为六个要素，即核心问题、问题链、提问措辞、停顿节奏、

---

[1]徐江南.课堂教学技能训练：提问·讲解·媒体运用[EB/OL].http：//www.jxteacher. com/daswjx/column25249/57afa15c-bafb-45fa-a64a-3227b06fc4e3.html, 2012-05-15.

合理分配、探寻反馈。这六个要素就是按照我们从课前准备到最后课后结束，整个这个过程提问所包含的主要的内容。

（一）核心问题

核心问题是在课堂上主要解决的问题，是课堂提问的主线，一堂课的教学目标可能有两个或者三个，每一个教学目标就可以成为一个核心问题。核心问题如何设计呢？可以通过下面三个步骤：第一，确定教学目标所要达到的水平，每一个教学目标都要设计到不同的水平层次；第二，根据你对目标水平层次的确定来分析教学内容；第三，分析教学内容以后，确定教学活动的主要问题[1]。

1.确定教学目标所要达到的水平

以小学科学《节约用水》为例，该节课的教学目标是：(1)知道水在日常生活、工农业生产中的用处，了解我国是一个淡水资源匮乏的国家，北京是一个严重缺水的城市，缺水对人们的日常生活、工农业生产影响巨大；水污染的危害。(2)知道一些节约用水的生活常识，并在生活中积极利用[2]。

2.分析教学内容

教师要根据教学目标水平层次和学生情况分析教学内容。教学内容呈现于教材之上，教师还可以通过课本中的素材来帮助学生达到学习的目标。首先我们应了解教学生哪些知识，并通过哪些素材来呈现这些内容知识。

3.确定课堂中的主要问题

我们对学生有最低的学习要求，但是每一个学生的知识基础、能力都不一样，那就要了解不同学生的心理以及学习情况，通过不同的活动、问题，使学生达到学习目的。

[1]张伟华.提问技能要素[EB／OL].http：//101.jiangxi2011.teacher.com.cn/GuoPeiAdmin/UserLog/UserLogView.aspx？UserlogID=21001，2012-01-29.

[2]徐江南.课堂教学技能训练：提问·讲解·媒体运用[EB／OL].http：//www.jxteacher.com/daswjx/column25249/57afa15c-bafb-45fa-a64a-3227b06fc4e3.html，2012-05-15.

基本功之四　课堂提问

(二)问题链

问题链就是围绕核心问题引出不同类型的问题，使问题成为一个整体，从不同的水平层次引起学生思考。

(三)语言方式

提问的语言也是要讲究方式的，例如用怎样的语气、什么样的引导词等。

(四)强调重点，留给学生思考的时间

问题提出以后要给学生一定的时间思考，在这段时间里教师可以根据学生的思考情况判断下一步如何进行，同时也不要留给学生太多的思考时间，这样学生将会失去思考的兴趣。

四、课堂提问的类型

(一)启发式

通过这种提问，可以逐步深入地激发学生的兴趣，引起学生的注意力，逐渐引导学生回答问题。

如教授《美丽的小兴安岭》一课，"总起、分述、总结"是这篇课文的结构特点，教师提问："通过这课的学习，我们将学到一种新的写作方法，这种方法是什么呢？学过这篇课文之后就能学会这种方法。"设计这个问题，引发了学生有意的注意，激起了学生的求知欲望[1]。

(二)排除障碍式

学生在思考过程中会遇到一些困难，教师帮助学生一步步地克服困难，拨开云雾，使学生达到学习目的。

(三)激发兴趣式

激发学生的学习兴趣，使学生积极主动思考、学习。比如有老师教授朱自清

[1]符堆涛.课堂提问类型[EB／OL].http：//res.hersp.com/content/349037，2010-03-18.

的《春》时，在精心设计的导语中，引用了雪莱的诗："冬天到了，春天还会远吗？你记住了哪些描写春的诗句？请背给大家听。"学生立刻活跃起来，争先恐后地举手，你一句，他一句。在背出十几句后老师适时转移话题："让我们看看朱自清先生是怎样描写春的吧！"学生带着激情和热情进入了对《春》的学习[1]。

（四）对比式

通过对比式的提问，使学生加强对字、词、句、段的理解。如有老师在教授《孔乙己》时就设计了这样具有比较性的、孔乙己不同处境的问题：写孔乙己掏钱买酒的动作，前次用了"排"，后次用了"摸"，其含义有什么不同[2]？

（五）评价式

评价提问是指教师通过提问，使学生产生评价的欲望，活跃学生的思维。如在教授《桂林山水》一课时，有老师在教学结束时提问："课文末尾一段与开头一段有什么关系？围绕'桂林山水甲天下'这个中心，课文在语言运用上有什么特色？"这个问题可以引导学生进一步欣赏课文的语言美，理解课文的写作特点：运用排比、比喻相结合的修辞手法，以诗一般的语言写出桂林山水的清幽、秀美，使人心生联想，首尾呼应，令人回味无穷[3]。

（六）总结式

总结课文时可作总结性提问。目的是使学生深入领会教材内容与中心思想的关系，掌握课文实质，获得规律性的知识。提问侧重于对全篇的理解、段落层次与中心的关系的理解等[4]。

[1]符堆涛.课堂提问类型[EB／OL].http：//res.hersp.com/content/349037，2010-03-18.
[2]符堆涛.课堂提问类型[EB／OL].http：//res.hersp.com/content/349037，2010-03-18.
[3]符堆涛.课堂提问类型[EB／OL].http：//res.hersp.com/content/349037，2010-03-18.
[4]符堆涛.课堂提问类型[EB／OL].http：//res.hersp.com/content/349037，2010-03-18.

基本功之四 课堂提问

基本功之五　课堂引导

新的课程标准倡导自主、合作、探究的学习方式，倡导课堂教学要以学生为主体，以学生发展为本，那就出现了很多现象，问题由学生提出，证据由学生收集，甚至评价也是由学生做的，但是如果没有教师的正确引导，"探究式"无异于"放羊式"了，学生的学习可能会偏离正确的方向，思维无法达到一定的深度和广度，这就需要教师结合教学内容和学生的实际给予适当的引导[1]。

一、课堂引导的重要性

正确的课堂引导能使学生集中注意力学习，并在课下做好课上的准备，在课堂上认真听讲。课堂引导的方式有组织引导、情境引导、情绪引导、思维引导、习惯引导等。这些方法有很多具体的实施方法，根据不同的学生，采用不同的方法，对于反应迅速的、思维敏捷的学生可以采用辩论的方式。对于不活跃的学生可以采用逐步提问的形式，如提问学生电能是从哪来的？风、水、潮汐、太阳能都是自己变成电能吗？发电机为什么可以将其他形式的能转化为电能？等问题。

二、课堂引导的现状分析

教育不仅仅是一门技术，更是一门艺术，我们不能用同样的模式去教个性不

---

[1]林聪球.数学课堂中对学生引导的艺术[EB／OL].http：／／zxxjs.zhejiang2012.teacher.com.cn/GuoPeiAdmin/TeachingIntrospection/TeachingIntrospectionView.aspx?TiID=9199，2012-04-28.

同的学生。现在语文教学都采用同一模式:(1)学生齐读板书内容;(2)通过课题讨论学习内容;(3)让学生选择一个段落自己学习;(4)通过总结让学生自学。这些模式虽然在一定程度上使学生的能力得到了锻炼。但却是千篇一律,没有根据学生的个性发展来设计。

曾有《啄木鸟和大树》一文,教师设计了一个"想象剧场":假如大树变成枯树,啄木鸟又飞回来,会发生怎样的故事呢? 小组讨论后有的表演大树后悔的神情,有的表演啄木鸟捉虫的动作……课堂上热闹非凡,学生兴趣很高。这原本是想促进学生想象思维的发展,可学生的兴趣却大多集中在"剧场"上,许多同学被表演吸引,被小演员的可笑滑稽动作表情所吸引,反而影响了学生思维的发展。所以形式不该只是为了吸引学生的注意以活跃课堂气氛,诸多形式都应更好地为激发学生的兴趣、更好地为完成教学目标、更好地为提高学生能力服务,我们追求形式,更应该追求实际效果[1]。

三、课堂引导策略

引导策略可分为启发性、规范性、科学性、点拨性、发展性的引导[2]。

(一)学生困惑时进行启发性引导

在实际的教学中我们发现,当学生遇到困难或不解的问题时,教师害怕影响教学进度,往往不会对学生进行启发,而是避开问题。我们在新课改中强调学生是学习的主体、是课堂的主人,但这并不代表教师就可以放任自流,不进行引导。如在教完《草船借箭》之后,老师提了一个总结性的问题:"课文在刻画人物方面有什么特色?"看到学生一片沉寂,老师马上把问题换成:"你对文中哪个人物感兴

[1]沈爱华.课堂引导点到即止[EB / OL].http://xx.jxteacher.com/dlh/column38522/444c03a7-73cc-41ba-9c01-3b1c77e914de.html,2012-05-21.
[2]刘军.有效课堂教学的引导策略[EB / OL].http://res.hersp.com/content/1085926,2011-06-30.

基本功之五 课堂引导

趣？能简单说说吗？"这么一改，学生的话匣子就打开了，在教学过程中，如果学生遇到无法理解的问题时，教师可以从学生的角度出发，换一种提问的方式，那么这个课堂将会活跃起来，也就是说学生一定要对所提出的问题有兴趣，才会有活跃的课堂气氛，面对枯燥的知识，学生就会失去兴趣，分散注意力，达不到好的教学效果[1]。

（二）正确、规范地引导学生

在教学过程中，当学生困惑不解时，不要直接给出学生正确的步骤，而应是恰当的引导，留给学生思考空间。如教授《景阳冈》，学生读到武松打死老虎时老师问："你们有什么感受？"有学生说："如果我是店家，武松打死老虎立了功，他所得到赏银的一半应该分给我，因为我的十八碗老酒功不可没。"对于这样充满个性的回答，教师应该让学生到课文中找到关于店家的描述，这样学生就能快速地在课本中找到答案。"店家筛酒，只筛三碗，怕客官喝醉"，"武松喝了十八碗酒后出了店门，店家叫他回来看景阳冈上有虎伤人的官司榜文"，这样可以使学生真正感受到他们才是课堂的主人，如果在课堂提问过程中，学生的回答有偏差，教师应根据提问的核心内容，正确引导学生回归到主题上。由于学生的年龄还小，认知水平还没有达到一定的高度，在对新事物的认知过程中，他们的思维会停留在原有的水平上，他们思考问题时经常会偏离主题，这时就需要教师的正确引导，引导学生的思想到正确的方向上，在引导的过程中教师要做到收放自如[2]。

（三）学生犯错误时给予科学的引导

由于学生的年龄、认知水平、知识含量受到一定的限制，这样学生在思考问题、

[1]刘军.有效课堂教学的引导策略[EB／OL].http：//res.hersp.com/content/1085926，2011-06-30.

[2]刘军.有效课堂教学的引导策略[EB／OL].http：//res.hersp.com/content/1085926，2011-06-30.

言语表达时会犯一些错误，这都是正常的事情。但是一些教师对学生的一些错误视而不见，认为这样会影响教学进度，破坏课堂气氛，遇到这样的情况，教师应该充分发挥自己的教学机智，用科学的方式引导学生。一位老师在教学"赛跑"一词时，问学生："什么叫赛跑？"有个学生很有把握地回答："赛跑就是拼命跑。"老师接着问："一个人拼命地跑叫赛跑吗？"学生意识到自己的回答有了问题，补充说："两个人或几个人一起跑才叫赛跑。"老师进一步追问："几个人一起慢慢地跑能叫赛跑吗？"这时学生争着说："几个人一起跑，看谁跑得最快，才叫赛跑。"在教师的正确、科学的引导下，学生能够不断修正自己的错误，这种引导是科学的。而一些教师是将定义直接给学生，这么做对学生来说印象不会深刻，教师应该根据学生的错误，运用科学的方法引导学生，让学生自己构建知识，而不要将教师头脑中的知识，原封不动地搬到学生的头脑中，这样的知识是死的知识，只有学生自己构建的知识才是他们自己的[1]。

（四）课堂提问出现混乱时给予点拨性的引导

现在有些教师认为课堂中的秩序越混乱，证明学生的讨论越激烈，但是有时这种表面讨论激烈，并不代表学生真的在进行深刻的、投入的讨论。教师应在课堂混乱时给予点拨性的正确指导。在学习《白杨》一课时，学生对课文中"几棵小树"发生了争议，有的说："沙漠里绿色植物多了，几棵小树不一定是小白杨。"有的却认为："课文一直在讲白杨，这里又写道'在一株高大的白杨树身边'，所以几棵小树一定是小白杨。"对于学生的争议，教师应该帮助他们分析争议是如何产生的，然后让他们继续阅读课文，从而对课文有一个更深入的理解，通过这种点拨式的指导，使学生零碎的知识成为一个系统。当他们摸不到头绪时给予点拨，使学生有

[1]刘军.有效课堂教学的引导策略[EB／OL].http：／／res.hersp.com／content／1085926，2011−06−30.

醍醐灌顶之感，这样印象深刻，可以更好地帮助学生掌握知识[1]。

（五）当学生的思维需要更加深入时给予发展性引导

教师好的引导能促使学生深入地学习，讨论越深入学生学到的东西会越多。所以教师在设计问题时要有层次和高度，这样学生才可以获得思维的进步。教授《狐狸和乌鸦》一课，有这样一句话："有一天，乌鸦飞出去给他的孩子找吃的。他找到一片肉，叼了回来，站在窝旁边的树枝上，心里很高兴。"有些学生却与课本说的不同，有的说："乌鸦为什么不一回来就去喂小的乌鸦，而却要等到狐狸来呢。"有的说："小乌鸦饿啦，乌鸦妈妈应该急着去喂小乌鸦，为什么要和狐狸聊天呢？"很显然，这些问题一定是教师事先没有预料到的，但当这些问题出现时，教师可以让学生将不合理的地方修改过来，重新编写故事，这样更能激发学生的学习兴趣。

由此可见，教师在课堂中的引导是十分重要的，教师不仅是课堂的组织者，更是启发者、点拨者，运用科学合理的方法引导学生学习是十分重要的。这样才能达到教学目标，使课堂充分发挥作用。

四、做好课堂引导者

每一个教师都希望提高学生在课堂上的学习效率，但要达到这一目标，就需要有一个好的课堂环境，那如何更好地管理课堂呢？[2]在课堂中大部分学生的表现都是很好的，但也有一部分学生很调皮，但是这些调皮的孩子并不是故意的，而是因为他们对所学的知识不感兴趣，也可以说教师在课堂中的问题不能激发学

[1]刘军.有效课堂教学的引导策略[EB／OL].http：//res.hersp.com/content/1085926,2011-06-30.

[2]杜颖.做好课堂的引导者[EB／OL].http：//bzr.teacherclub.com.cn/dts/publichomework/publichomework! public_homework_show.action? id=1592387,2009-08-27.

生的学习欲望。那做好一名合格的教师，就应该做好课堂的引导者。

(一)提高自身的专业水平

作为一名教师，应该对自己的学科知识做到精通，虽然不能要求所有的教师都能够上知天文下知地理，但是一定要让学生相信你。

(二)让学生对所讲内容感兴趣

教师在设计教案时一定要精心准备，从学生的角度、学生的生活实际出发，让学生感受到所学知识是有用处的，这样学生才会愿意学习，对所学知识感兴趣。

(三)精心安排将要提出的问题

如果在课堂中有学生不遵守纪律，那就一定要认真思考，是什么原因造成这种现象的，是学生的原因，还是自己的教学设计不能贴近学生的实际，无法引起学生的兴趣，通过这样的反思，教师一定会成长起来，成为一名优秀的人民教师。

在教学中以学生为主，使学生的认知水平、思维能力得到有效的提高，教师扮演着重要的角色。课堂是动态变化的，再优秀的教师也无法预测课堂中会出现的突发状况，所以教师一定要提高自己各方面的素养，在课堂中给学生正确的引导。在新课改以后的课堂中，有些教师常常会有一些偏离主题的想法，误认为这样会培养学生的创造力，反而使学生思维混乱，教师应该了解学生的最近发展区域，引导学生正确地思考、深入地思考，体现出知识共性和学生个性化认识的和谐统一，而不是"旁逸斜出"。缺少理性思考的问题，将会使学生步入误区。

教师的引导要做到收放自如。课堂上，有的教师不会给学生留有充足的时间去思考，而是直接进行引导，这样往往使学生无论怎么启发都不能茅塞顿开；有时就会出现这样的情况，在一个没有必要让学生深思的问题上，教师用尽一切办法引导学生，而学生的思路却早已出现，这样的引导往往只会浪费教学时间。并且教师的引导要做到适当，控制问题的难度，把握问题的深度，创设情境，帮助学生理清思绪。在引导过程中，应指明方向，而不是一味地告诉，教师告诉得越多，学生思考得就会越少，相反，教师告诉得越少，学生思考得越多。

最后，教师要对教材做到充分地了解，并且对学生的认知顺序、学生心理都做到了解，才会有效地控制课堂。有些教师认为，课堂中出现的意外，完全可以靠教师的机智就可以解决，但实际上并不是这样的，没有课前的充分准备，教师也无法在课堂上做到游刃有余。教师要学会反思，在每一节课中都要总结经验，好的保留，不好的要积极改正，不断提高自己，这样就会逐渐提升自己。

五、小结

正确的课堂引导需要教师在课堂中不断地总结，吸取经验，在课堂中我们希望教师能够给予正确的引导，能使课堂活跃起来，但是也有一些突发的情况，我们在课堂中的引导不仅仅在大的方面，在课堂中小的方面也要引起注意。小的细节也能体现教师对课改理念的把握，我们应扔掉以前那种以教师为主导的理念，取而代之的是学生为中心，教师的引导围绕学生的回答展开，这就反映了教师的课堂引导技能。有时教学达不到预期效果，责任并不在学生，而是教师，所以教师要不断提升自己的专业素养，不断将教育教学理念内化，这是教师进行专业化成长的很好途径。

基本功之六　多媒体运用

当今社会科学技术飞速发展，与此同时科学技术也进入到了课堂之中，多媒体技术也在课堂中出现。通过这种新的技术，教师可以将教学内容更加直观地展现在学生面前，这样做更加生动、形象，更容易使学生对所讲内容产生兴趣。所以很多学校都建立了多媒体教室，便于教师授课的需要和有利于学生的学习。"教育要面向现代化、面向世界、面向未来"，我国在2002年就明确提出："在教学过程中，应有意识地利用计算机和网络等现代信息技术，认识计算机的智能画图、快速计算、机器证明、自动求解及人机交互等功能在课程教学中的巨大潜力，努力探索在现代信息技术支持下的教学方法和教学模式。"[1]随着科技的进步，多媒体技术在小学、中学、大学都得到了广泛的应用，利用多媒体讲课时，可以将更多的内容呈现给学生，学生能够直观地进行学习，这样的教课方式，就克服了以前教学过程中课堂气氛沉闷的弊端。但是现在一些教师也出现了为利用多媒体而用多媒体的现象，将所要讲授的内容全部展现在PPT中，多媒体的功能将教师的功能全部代替，换句话说教室中只要多媒体在工作将不再需要教师的存在，这种现象是正确的吗？答案当然是错误的。那么教师应该如何利用多媒体呢？如何发挥

---

[1]傅广峰.教学中多媒体使用之我见[EB／OL].http：／／www.studa.net／Education/120118/11394786-2.html, 2012-01-18.

它的作用呢？我们应认真把握多媒体利用的度，避免多媒体的滥用和不当，这样才能正确地运用现代化的教学手段，进而提高教学效率。

一、教学媒体的含义

多媒体就是利用动画、音频、视频、文字、图片、声音等多种媒体信息进行组合的一种信息传播媒体。多媒体计算机在教学过程中只是起到一个辅助的作用，可以将动画、音频、视频、文字、图片、声音有机结合，使课堂的教学效果得到优化。多媒体的使用可以增强学生的学习兴趣，提高教学效率，多媒体可以做到真正的图文并茂，将抽象的知识具体化，使新的知识变得更加能够让学生接受。

二、多媒体运用现状分析

影响学习的因素包括内部因素和外部因素，教学媒介也就是外界因素，黑板一直是课堂中的一种重要的教学工具，它可以将教师预设好的或者是临时加入的内容都呈现在上面，但在实际的课堂教学过程中仅仅依靠黑板是远远不够的，黑板只能呈现文字，在教学过程中需要的图片、声音、视频、动画、音频等内容是无法通过黑板来呈现的，但是多媒体技术的应用就为教师解决了这些问题。通过投影仪、录音机等丰富的教学手段，就能够使课堂活跃起来，这样课堂就充满了生命力[1]。

多媒体技术是否应该进入课堂已经是无需争议的事情，多媒体技术以其直观性、多样化、动态化、集成性、富含信息量为课堂增添了生气，使整个课堂活跃起来，它借助灯光、声音、动画等的配合，提供大量的信息知识，将教材内容直观地展现在学生面前，将抽象呆板的内容变得生动形象，从而激发学生的学习兴趣，提高

---

[1]林家锋.课堂教学中多媒体使用的常见误区与对策[EB／OL].http：／／www.fjzzjy.gov. cn/newsInfo.aspx？pkId=9292，2007-04-03.

教学效率。但是多媒体技术刚刚进入课堂，很多教师不能更好地利用它，在课堂中教师不是在教授知识，而是变成了电脑的操作人员。很多课堂都因为教师利用多媒体不当，而导致课堂中的教学效果不好[1]。

多媒体手段运用的现状是不容乐观的，简述如下：

（一）单纯地为使用多媒体而使用多媒体

在现在的很多课堂中，教师为了赶上这个多媒体使用的潮流，无论所教授的内容是否适合使用多媒体，都用多媒体。在教学实际中，有很多这样的例子，教师完全是为了走形式，通过运用多媒体的形式来展示自己是一个已接受现代化手段的教师，而忽略了运用多媒体是否与自己所讲授的内容吻合。这种强拉硬拽的形式，必定会给学生的学习带来一定的困难，如果这么利用多媒体的话，将会使多媒体这个教学帮手变成影响学生学习的罪魁祸首。

（二）不能正确使用多媒体

使用多媒体教学是为了弥补传统教学不足，将教材中抽象难以理解的知识变得形象易懂，使学生能够更好地接受和理解教材中的难点与重点内容，提高教学效率。但在实际的课堂中，多媒体往往会呈现一些非常复杂的背景画面，过量地使用动画和声音，这些"精美"的课件如果从复杂程度和技术含量上可以说是很好的课件，但这在教学中无疑是画蛇添足，使学生的注意力不能集中在所要学习的知识上，而是停留在精美的课件中。目前真正地能够很好利用多媒体进行教学的教师并不多，但是很多教师都想利用多媒体进行教学，所以很多教师不加思考地在网络中找一些教学课件，原封不动地运用到实际的教学中。虽然我们正在运用多媒体技术的起步阶段，借鉴别人的固然很好，但是要意识到，要完成一个好的

[1]林家锋.课堂教学中多媒体使用的常见误区与对策[EB／OL].http：//www.fjzzjy.gov.cn/newsInfo.aspx？pkId=9292，2007-04-03.

基本功之六 多媒体运用

教学课件，一定要对教材做深入的理解，对学生有深入的了解，要在此基础上制作课件，同时也要注意综合课程理念、教学目标，所以通过这样的思考后形成的课件就有了个人的思想、风格，可见是个人的，不能有拿来主义的想法。

(三)本末倒置，将多媒体这种辅助的教学工具看成了主要的教学方式

由于现在的大部分教师对多媒体如何运用不能很好地了解，所以很多教师在课堂中整节课都在使用多媒体，似乎忘记了多媒体只是教学的一种辅助手段。一些教师将课本中的课文原封不动地都搬到了课件中，这种复制粘贴的方式，就是让学生只要抬头看多媒体，不用看书本而已，多媒体只是书本的另一种形式。还有一些教师就是让学生看完课件就结束教学，致使学生不能学到系统的知识，这样一来，教学的辅助工具完全成了主要方式，它不再是配合教师的，而成了教师配合多媒体进行教学。在教学过程中，很多教师将所有的问题都放在课件中，甚至是一些很细小的问题，将教师和学生的反应都由电脑来代替。

(四)只重视多媒体的运用，而忽视了学生对课本的研读

在课堂中教师需要和学生有语言的交流，这种语言的交流也包括了情感的交流。在课堂中，教师要预设一些情境，但是并不是所有的情况都能够预设，所以这就需要教师的聪明机智，教师的动作、表情都会感染学生，但这些都是电脑所不能达到的。比如说课堂的引入是教师声情并茂地讲述出来的，与一堂课的引入是通过PPT生硬地引入的，可以进行比较，这一定是两个教学效果。比如在讲述《祝福》时，不是直接让学生读课文，而是让学生看一段电影，看完后去评价主人公的形象；再比如朱自清先生的《春》，不是让学生去阅读课文后体会"小草从土里偷偷地钻出来"的情态，而让学生自己设计小草穿出土地的情境。

三、在教学中运用多媒体技术应注意的问题

(一)加强对多媒体的认识

要充分发挥多媒体在教学中的作用，必须注意以下几个方面的问题：

1．提高对多媒体的认识

虽然多媒体技术是令人值得骄傲的一种技术，但是多媒体只是教学的一种辅助手段，它应该怎样使用，应该知道这是教学的一种辅助手段，如果过分地使用，就会使课堂变得有气氛，而这种气氛却并不是为了教学目标的，纯属一种活跃手段，达不到教学效果，反而会影响学生的学习。在教学过程中，不能只是单纯地将知识利用多媒体直接展现在学生面前，而应该是教师与学生互动，教师应帮助学生自主构建知识，这样学生学到的才是自己的知识。现在有些教师认为，现在的多媒体电脑完全可以取代教师、黑板、粉笔，课堂中只需要一台电脑，其他都不需要了，这是一种错误的观点。在课堂中教师完全放弃了自己的主导地位，而成为电脑的操控者，学生也失去了主体地位，这些都不利于学生的成长。只有教师做到课堂的组织者，学生也成为课堂的主人，这样教学质量才可以提高，多媒体技术才能发挥它的作用。

2．抛开原有的教学观念，课件设计要有个人思想融入其中

通过一个课件可以看出一个教师的教学行为和教学思想以及教学观念，很多教师运用着新的教学手段但依然有旧的教育观念，因此，在运用现代教学手段时，首先要重塑教师的教学观念，以学生的发展为本。也就是说在教学过程中，教师起到主导的作用，而学生是课堂的主人，他们是主体。教师应该运用多媒体，并将自己的思想、经验、原则融入其中，充分发挥多媒体教学优势，优化课堂，使教学效果得到提高。同时教师在让学生观看多媒体时，要注意观察学生的表情，进而了解学生的心理，以便接下来更好地教学。

3．要对自己所教学科的性质充分考虑

每一门学科都有其自身的特点，例如语文，有时文字表达情感的能力是不能

用其他的方式代替的，比如宋玉笔下的"增之一分则太长，减之一分则太短；敷粉则太白，施朱则太赤"的"东家之子"，我们不能用其他的方式表现，只能让学生去感受。多媒体技术的运用能形象化、直观化地表达知识，使教学中的抽象知识变得具体，使一些学生做不了的危险实验能直观地展现出来，但对于有些学科却是用其他方式不能替代的，例如语文中的文字，不是用一些场景、图画就能将一些意境表现得淋漓尽致。当然，当多媒体技术走进教室时教师应该掌握这种现代技术，提高教学效率，教师在设计和制作多媒体课件时，要从教学的实际出发，遵循课件设计的科学性、高效性、目的性、艺术性的原则，既要抓住教学的重点难点，又要兼顾学生的认识规律，不能简单地拼凑各种杂乱无章的素材，要利用多媒体技术的直观性、交互性，促进学生的能力培养和素养训练，不能将传统的课堂讲授变成现代多媒体的灌输，正确地理解多媒体课件的用途，是充分发挥多媒体课件的作用、搞好教学的前提条件[1]。

4.教师提高自身的专业素质，正确运用多媒体

在不断发展的社会中，科技迅速发展，这就要求教师不断地学习新的知识与技术，不断提高自己的专业素养，自己设计教学设计，自己制作课件，现在可以通过网络查找很多教学设计与课件，但需要教师知道的是教学需要自己的思想，教学设计与课件都需要教师对学生的理解、教师的经验、教师的教学原则，学生不同，教学环境也不同，所以不是一个课件适用于所有的教学，教师应该掌握计算机的基本操作、课件的设计与编写，多媒体具有容量大的特点，所以这些都是粉笔和黑板所不具有的特点。在实际的教学过程中，不要因为多媒体的不足而不接受多媒体技术，也不要因为黑板的局限性，而完全舍弃黑板，一定要处理好二者的关系，

---

[1]多媒体教学手段在语文学科中的运用现状及对策[EB/OL].http://chinese.cersp.com/sSyq/cZjxx/200607/2309.html, 2006-07-14.

取长补短。

总之，我们在面对一个新生事物时，要吸收其优点，摒弃其缺点，正确运用多媒体，提高学生的学习效率，努力创设适合学生学习的环境[1]。

(二)要正确把握多媒体的使用度

1.把握广度

作为组织教学的一种形式——多媒体教学，它的基础是课文，通过网络，很多与课文的信息，比如英语教学中经常有外国的圣诞节、狂欢节等教学内容，但由于学生对其知道的很少，这样学习起来学生就会比较困难，对于了解文章中的知识，教师可以上网查找资料，然后利用多媒体，通过视频、动画、语音将这些情景呈现给学生，这样学生就能身临其境，就会很容易掌握知识。但广度不等于无限制扩张，必须把握个度，一定要紧扣课文教学内容，从学生的接受知识的能力出发，不要让呈现的图片、文字材料、声音等冲淡课文，超出教学范围，变成电视短剧，这样的效果会适得其反[2]。

2.把握深度

利用多媒体教学可以使知识变得更加深入。在英语教学中，多媒体有利于知识的拓展，在课件的制作中，所涉及的单词词汇不能都是学生都掌握的，教师教学过程中可以将一些生词帮学生记下来，告诉学生这是什么单词，怎么读，板书在黑板上，学生可以在课文边记下来，日积月累，学生也可以增加自己的词汇量。相对于数学、物理、化学等科目中某些抽象难懂的知识而言，用多媒体技术来突破英语学科中的重难点知识要相对容易一些，英语学科的难点主要体现在某些词、

[1]多媒体教学手段在语文学科中的运用现状及对策[EB/OL].http://chinese.cersp.com/sSyq/cZjxx/200607/2309.html, 2006−07−14.

[2]傅广峰.教学中多媒体使用之我见[EB/OL].http://www.studa.net/Education/120118/11394786−2.html, 2012−01−18.

基本功之六 多媒体运用

短语所表达的意义以及对文章的整体理解和概括能力上[1]。

3. 做到适度

多媒体技术受到教师和学生的欢迎是因为它使文本、动画、图像、视频、声音等组合起来，使整个课堂变得图文、声像并茂，增强了课堂气氛，激发了学生的学习兴趣，从而提高了课堂教学的效率。但也有一些教师一味地使用多媒体，课堂中所有的话都展示在PPT中，学生们只需要观看，什么都不需要做，学生缺少思考，不能积极构建知识，学的都是死知识，所以多媒体的使用一定要适当。

(三)要克服多媒体使用的不良性

1. 避免单一化

单一化是指多媒体的内容、形式单一，只是将板书过程、练习展示在课件上。这种情况大部分都出现在不怎么会使用多媒体的教师身上，只是追求形式。在英语教学中也会有这种现象，对于学习语法和句型，有的教师不通过黑板板书去完成，一味地将这些东西放到课件中去，变成板书有课件，练习有课件，有的甚至将课文全部下载到课件中去，追求毫无意义的视觉、听觉效果，这一现象必须克服[2]。

2. 避免文字化

文字化是指整个课件都是文字，没有其他的内容。这种形式就像在会议中需要的发言稿，而在课堂中，多媒体是用来帮助教师教授知识的，这种都是文字的课件不会引起学生的注意力，这样学生就不会有兴趣去学习。课件虽然不能做成完全在乎形式的，但应该能够吸引学生的眼球。

[1]傅广峰.教学中多媒体使用之我见[EB／OL].http：//www.studa.net/Education/120118/11394786-2.html，2012-01-18．

[2]傅广峰.教学中多媒体使用之我见[EB／OL].http：//www.studa.net/Education/120118/11394786-2.html，2012-01-18．

3. 避免过量化

过量化是指整堂课无论是否适合使用多媒体都用。多媒体能够帮助教学，提高课堂效率，但是，一定要注意适量，如果将所有内容都用多媒体，虽然这样教师讲得少，但是却不利于学生的学习，学生思考得少，自主构建得少，而且学生很可能产生视觉疲劳，产生对学习的厌倦感。任何事情，只有适量才是最好的，才能达到最好的效果。

总之，教学手段现代化不是条件的问题，也不是技术的问题，更重要的是使用方法问题，随着越来越多的人关心多媒体教学，我们没有理由为多媒体教学的前景担忧，只要投身多媒体教学实践，就能克服多媒体在教学过程使用中存在的不足，发挥其潜在的教学功能，全面提高教学水平[1]。

四、利用多媒体技术激发学生的学习兴趣，培养学生的观察能力和创新能力

(一)兴趣——学习的催化剂

教与学是教师和学生都参加的活动，教师只有教的积极性是不够的，教学要使学生由不知到知、由知到会、由会到熟练地掌握。学生是教学的主体，因此，首先注意培养学生的学习兴趣，这可以通过多媒体呈现优美的画面、标准的语音，将知识形象生动地呈现在学生面前，学生可以直观地感受，对记忆进行加强，学习兴趣得到提高，这样便于学生更好地学习[2]。

(二)培养学生的观察能力

观察能力就是指善于全面、深入、正确地认识事物特点的能力。在教学过程中

[1]傅广峰.教学中多媒体使用之见[EB/OL].http：//www.studa.net/Education/120118/11394786-2.html，2012-01-18.

[2]彭吉洪.目标教学中应用多媒体教学[EB/OL].http：//www.jxteacher.com/dllfh/column21729/09fe1efc-26e2-43f5-9105-f6f7f784c683.html，2012-05-04.

要注意培养学生这方面的能力。

例如在地理教学中，通过对多媒体技术的应用，能给学生一个广阔的视觉空间。通过多媒体呈现大量的图像信息，给学生以视觉冲击。学生通过认真地观察，获得了大量的知识，进而对知识加深了理解，从而提高学生的观察能力[1]。

(三)培养学生的创新能力

多媒体课件信息量大，能够生动形象地将一些抽象的知识变得具体，使学生容易理解，这样学生就更加愿意主动学习，同时也可以激发学生利用课下时间查找资料的热情，是激发学生创造力的一种很好的方法。

五、小结

在全面贯彻党的教育方针、实施素质教育的今天，作为一名教育工作者，应该明确自己的任务是培养具有创新精神和实践能力的下一代。要达到这一目的，应注重研究教学方法和手段，不能迷信某一传统的手段，计算机多媒体教学以它特有的直观、生动、快捷、大容量、启发性好等优势，能够取得传统教学辅助手段所达不到的特殊效果，是一种先进教学辅助手段。当然也不能赶时髦、搞花架子，在追求某些新手段的同时忘记传统媒体的优势，总之，"媒体不是万能的"，各种媒体都各具所长，况且教学过程还包括许多环节和步骤，所以，在选择教学手段时，应取长补短，各种媒体配合使用，形成最优化的组合，这样在素质教育的今天才能使我们的课堂教学发挥最大的作用，提高学生的整体素质[2]。

[1]彭吉洪.目标教学中应用多媒体教学[EB/OL].http://www.jxteacher.com/dllfh/column21729/09fe1efc-26e2-43f5-9105-f6f7f784c683.html, 2012-05-04.

[2]彭吉洪.目标教学中应用多媒体教学[EB/OL].http://www.jxteacher.com/dllfh/column21729/09fe1efc-26e2-43f5-9105-f6f7f784c683.html, 2012-05-04.

基本功之七　网络资源管理

在网络时代这个背景下，网络教学资源越来越丰富，互联网在中小学教育教学中的重要地位日益凸显，网络变成了教师知识查询的字典、教学资源的仓库、教学交流的平台。国际互联网将全球的智慧都联结在一起，为人类提供了海量的资源和便捷的通讯。其中与学校教育、课程教学及教师教育相关的课件、教案、论文、试题、数据库等资料以及视频、音频、图片、动画等多媒体素材，在互联网上可以说是随处可见。如何有效地组织和管理网络教学资源以方便教育教学应用，已成为教育界普遍关注的问题。不仅如此，教师对网络资源的获取、管理与应用水平也已成为教师教学水平与教师专业发展的一个重要指标。因此，适应时代的变化，借助信息技术实现网络资源的管理，构建个性化的网络教学资源宝库，便成了教师必备的一项技能。

一、网络资源管理的概念

通俗地说，网络资源管理技术就是对互联网上有关的网络资源，借助一定的网络技术进行收集、组织、整理，以备在后续使用、分享与交流时能快捷、方便、高效地提取的技术。从计算机专业的角度看，网络教学资源是因特网软件资源的一部分，与其他各类系统软件、工具软件、应用软件等一起构成因特网软件资源；

从教育学专业角度看，它是为了提高教学效率，实现资源共享而采用计算机网络整理、传递、获取各种教学信息的总和。在范围上它不仅包括因特网上的教学信息资源，也包括各种城域网、局域网上的教学信息资源。

二、教学中利用网络资源的优势

当今信息社会中，教学设备中已经有了多媒体，而教学资源中，我们不仅能继承传统的优秀教学资源，也能通过互联网搜索到适合自己的教学资源。网络资源中，包括了ppt、word、excel、flash等，教师可以通过使用百度、谷歌等来搜索需要的网络教学资源。教学过程中利用网络资源不仅可以提高教学效率，还可以使学生在愉悦的学习过程中提升各方面能力，促进素质教育向前推进。网络资源在教学中的优势具体表现在：

（一）培养了学生的学习兴趣

自从利用网络资源进行教学后，学生学习的方法比以前多了，学习兴趣也更浓了，单调的课堂学习变得比以前更加丰富多彩。网络资源的丰富、图文并茂、声音动画等都能更好地为教学服务。网络资源教学的多样性为学生提供了更加广阔、更加自由的学习空间，由于兴趣的提高，被动的学习现已变成主动的学习了。利用网络资源中的文本、声音、图形、图像、动画等的综合处理特点编制的系列教学课件，充分创造出一个图文并茂、有声有色、生动逼真的教学环境，为我们教师教学的顺利实施提供了形象的表达工具，有效激发学生学习兴趣，使学生在快乐中将学习落到实处。

例如，flash动画不但动画体积占用空间小、画面质量高，还能实现运动的精确模拟，根据实际情况或教学的需要可以实现更好的交互性能，使教学模拟课件具有较高的仿真性，可以使教学模拟课件具有一定研究性，可以实现不同条件下

（位置、角度、长度、速度等）运动特性，大大提高了教学模拟课件的适用性和广泛性。动画能够更好地解决我们地理教学中的难题，如地球运动形式及其所产生的现象、大气运动、地壳运动等。flash所模拟的良好的学习情境，将有利于学生事半功倍地学习。

（二）丰富了课堂的教学内容

毫无疑问，利用网络资源教学，可以把各地的教育资源连成一个信息的海洋，实现资源共享，充分感受到传统教育手段所无法展示的内容。利用网络资源教学的课堂上不再受一本教材、一本教案的局限，而是利用网络资源共享性以及方式的多样性极大地丰富了教学内容。利用网络资源教学可以帮助我们丰富课堂内容，可以使课堂教学在原有的基础上更加生动而活起来。在教学过程中更加需要网络的帮助。如在网络上面看图片，可以更加生动形象，深受学生的喜爱。

（三）利用网络资源教学给教学带来了全新的理念

网络资源教学相对于传统教学手段而言，直观新颖，能有效利用情景演示激发学生学习兴趣，开发学生的潜能，使有意识的学习活动和无意识的学习活动相结合。不仅丰富了教学内容，也活跃了课堂气氛，调动学生求知的自觉性和主动性。它可以化抽象的概念于具体而生动，易于理解。尤其是在小学阶段，孩子们的年龄特点决定了他们对直接作用于感官刺激的知识更便于接受，更感兴趣，更愿意去继续探索，从而让枯燥的学习变得真正快乐起来。情感的培养也不再显得生硬，而是水到渠成。这就是利用网络资源教学无可比拟的优势。

三、如何利用网络资源提高教学质量

随着信息技术的迅猛发展，因特网的快速普及，人们的工作、学习方式发生了很大的变化，特别是对于教育工作者更加有利，可以充分利用网络资源，提高教学质量，出色地完成教学任务，优质的网络教育资源使进一步提高教学质量成为了现实。

(一)利用网络资源，有利于教师更好地把握教材

现如今，互联网上的资源应有尽有，当然教学资源也不例外。在教学活动中，教师能否把握住教材，对于提高教学质量是很重要的。在教学中如果老师没有抓住教学的重难点，没有充分地理解知识点的内容，这可能会让学生走进误区，给学生带来困惑。所以教师为避免这些情况的发生，可以充分利用网络资料，比如远程教学资源，对远程里面的教材分析、重难点分析等内容牢牢把握，使网络资料成为教师把握教材的得力助手。

例如，笔者从网络中收集到了丁国忠关于《义务教育课程标准实验教科书》数学三年级上册典型问题解答的"系列教学参考"。对教师在教学中的一些疑难、困惑问题给予了很好的解答，有助于我们把握教材及教学方法。其中提出了如下问题：对于千米和吨这样比较大的长度单位和质量单位，怎样帮助学生建立相应的长度观念和质量观念？为什么教材中要编入不规则图形周长的内容？等等。在这里都给予了解答，如针对"为什么教材中要编入不规则图形周长的内容？"这一问题解答如下：过去对于周长、面积、体积的教学，往往把教学重点放在特殊图形的周长、面积和体积的公式推导以及利用公式计算这两方面。因此，学生没有形成对这些概念的一般性理解，以至于在教学中出现了这样的问题：学生虽然会计算长方形、正方形的周长，却不会计算平行四边形、三角形以及一般多边形的周长，理由是老师没有教过这些图形的周长计算公式。出现这种情况的原因就是学生对"周长即封闭图形一周的长度"这个概念没有形成一般意义上的理解。因此，实验教材在编排上使学生先充分理解周长的一般含义，知道平面上任一封闭图形都有

周长，并可以用绳子、直尺等工具来测量一个一般封闭图形的周长，知道任一多边形的周长即是各边长度之和。在此基础上再学习长方形、正方形的周长计算，就只是一个从一般到特殊（对边相等或四边相等）的过程，具体的方法可以让学生自主探索。同样的道理，在后面学习面积、体积时，也应加强学生对这两个概念的一般性理解。如此详尽而合理的解答，为教师的教学及教材的把握提供了方便。

（二）利用网络资源，使教学更得"法"

当今，互联网上的教学资源层出不穷，网络为教育教学提供了大量的教育资源。在教学过程中，教师恰当、正确地使用这些优质资源，不仅能提高教学效率，减轻学生课业负担，还会培养学生的学习兴趣，促进学生素质的全面提高。

1.创设教学情境，激发学生的学习欲望

对于抽象的知识，学生学习费时费力，收获不大，而利用网络资源的超越时空的特性，下载有关声音、图像、文本、视频动画，生动地呈现在学生面前，不仅吸引学生的注意力，给学生带来形象的演绎，还会提高学生课堂学习效率。充分利用好网络资料开展教学，能使教育内容形象、直观地呈现在学生眼前，学生看了就懂，容易记住，提高教育的效果。

例如，教授《美丽的西双版纳》一课时，通过网络下载有关西双版纳的图片、视频、音乐并加以组合，给学生提供图文并茂的画面，直观显现傣族奇异风光，学生的兴趣一下子被激发起来，再来学习课文、品味语言就轻松多了。而且收效显著，更主要的是学生在此过程中也受到了情感熏陶和审美鉴赏训练。

又如教授《长城》一文，教师要指导学生看文前彩图，要利用媒体教学系统，播放长城的自然风光。学生一下子被祖国的大好河山吸引，对长城的美景叹为观止。课文叙述的情境立刻在他们的脑海中"活"起来，感知效果十分明显，很快进入了情境。在感知课文后，应尽可能利用媒体帮助学生进一步理解重点、难点，帮助学生完成知识的迁移，深化对课文的理解。如学完《草船借箭》后，给学生播放有关电影的录像片段，可使学生对人物形象的认识更完整、更丰满。

2.展示思维过程，使学习活动变得直观

网络资源信息量大、涉及面广，应用于教学可以为学生拓宽视野、启迪思维提供广阔的自由空间，恰当使用能得到事半功倍的效果。

例如，教授《藤野先生》时为了激活学生的思维可以设计以下问题："东京也无非是这样的"一句中"无非"是什么意思？"这样的"是什么样的？作者满怀激情地到东京为什么又有了失望之情呢？境也？人也？情也？然后让学生展示自己课前搜集的有关资料来解释这一问题，学生有的展示东京的美丽景色，有的介绍清政府的腐败无能，也有的出示清国留学生的丑态百出的图片的，还有谈鲁迅留学日本的背景的，一时间学生讨论的情绪高涨起来，谈论越来越深入，不经意间已进入对文本的探讨，到最后一些同学情不自禁地吟诵着"天下兴亡，匹夫有责"、"少年富则国富，少年智则国智，少年强则国强"。这一训练不仅让学生更加深切地理解了课文，思想上得到了更深刻的认识，更让学生受到课外收集资料、整理资料的能力训练。

又如，教授《送行》时，学生理解课文内容后可以设计以下问题让学生在平台上发帖讨论。

(一)下面是对课文的主旨的理解，你同意哪个说法，为什么？

1.旨在反对繁文缛节，主张真情实感。

2.旨在表现资本主义社会人与人之间的冷漠与虚伪。

3.旨在通过侧面描写勒罗从"舞台"到"月台"的故事，说明只要根据市场的需求，找到合适的岗位，并在岗位上付出真情，就能获得成功。

4.假作真时真亦假，假的东西不一定没用，真的东西不一定有用。

（二）勒罗的眼泪是真的吗？

（三）勒罗的成功说明了什么？

（四）在不久的将来"送行"会不会成为一种职业在中国出现，你如何看待这一问题？

问题探讨既加深了学生对教材的理解，又激活了学生的思维，还将学习与生活紧密地联系起来，提高了课堂效益性。大部分学生认为：在中国如果出现职业送行者，那是中国的悲哀，人类的悲哀，我们不愿看到这一幕。

3.跟上时代步伐，及时更新教学内容

教学离不开教材，教材是有时限性的，即一套教材的周期是有一定的局限的，不可能根据时代的步伐而随时更新。在教学中，如果充分利用网络资料，就能使陈旧的内容得到及时的更新和补充。

例如，思想品德《改革开放谱新篇》，教材的内容都是以前的内容，而在近几年中，祖国的发展变化已是日新月异，"一天等于二十年"。教学中，如果局限于教材，教学内容就显得陈旧过时。这时，教师利用网络资源，将改革开放的最新成就展现在学生眼前，将最新科技成就的有关影像资料、flash动画呈现在学生面前，如播放神舟号发射载人飞船，播放相关探月计划的flash动画。面对如此生动的动画，学生既对生动形象的影像资料赞叹不已，又对祖国取得这样大的成就感到无比欣慰，从而真正体会到邓小平是我国改革开放的总设计师。

总之，教师利用网络资源可以提高教学质量，提升教师自身专业素养，也可以让学生在轻松愉快的氛围中学习，培养学生的学习兴趣，增强学习效益。所以，

基本功之七　网络资源管理

教师应该积极主动使用网络资源来进行教学，为提高教学质量添砖加瓦。

四、网络环境下的教师专业发展诉求

随着以计算机技术为核心的信息技术以及网络技术的飞速发展，网络化学习将成为人们获得信息与知识的主要途径，教师的角色发生了相应转化，教师已不再是传递信息的工具。新课程理念下要求教师掌握现代教育技术来进行有关教学，从而适应网络时代教育发展的需要，获得更高层次的教育教学能力。

(一)改变观念，转化角色

观念决定态度，态度决定行动，所以要想有效地利用网络资源，应先对这个资源有个正确的认识和科学的评价，然后对它有所取舍，并加以行之有效的利用。也就是说要明白上网不是为了完成某项任务而寻找捷径，而是利用网络资源提高自己服务学生的能力，将学生的发展作为教师有效利用网络资源的最主要的动力。有目的地、理性地使用网络，才能避免上网的盲目性、随意性，既节省时间，又充分思考和消化网络资源，真正做到为己所用。有些问题在上网前一定要试着自己解决，看能解决多少，然后带着思考有备而进，上网后再综合自己和他人的想法及做法，最后整合为自己的解决问题的能力。也只有这样，才能在享用网络资源的同时，享受它给自己带来的方便和快乐。

(二)掌握现代教育技术

传统教学中，教师凭借黑板、粉笔、书本给学生"讲"知识，学生所获取知识信息的渠道较单一，主要知识来源于教师。随着网络技术的发展，知识更新加快，学生可以通过电视传媒、网络等多元渠道便捷快速地获取所需要的各方面的知识。许多新出现的事物，教师可能还不了解，这就更加要求教师要努力学习新知识，掌握新技术，不断提高业务水平，以适应现代教育时代的高速发展。教师要学会

CAI课件的开发和使用，学会软件PowerPoint、Firework、Flash等的使用，利用媒体技术对文本、声音、图像、动画等的综合处理及其强大交互式特点，编制出教学多媒体辅助教学课件，充分创造出一个图文并茂、有声有色的教学环境。多媒体丰富生动的感性材料和学习信息造成的刺激，激发了学生的学习兴趣，改变了传统教学模式的单调性，有利于教师对一些抽象知识的讲解，使学生化抽象为具体，易于接受理解，这也较好地解决了教学中的重难点，完成教学目的，提高教学效率。

具备扎实的科学文化专业知识和业务技能是网络时代对教师的基本素质要求。教师既有较扎实而全面的基础知识，又有较丰富和深入的专业知识，既掌握本学科知识，又了解其他相关学科的知识。当代科学的整体性、渗透性日益加强，知识的专一和综合趋势并存，边缘科学不断出现，知识的分类又日益精细深入，这就更加要求教师要不断更新知识，坚持终生学习，要学习掌握和运用现代教育技术。

（三）养成主动使用网络的习惯

人的行为一旦养成习惯，就会形成一种惯性，并不自觉地影响和支配着人的所有行动。上网也是如此，如果每次都是为了应付一定的工作任务，那么完成任务之后，上网的痕迹也会随之消失。这样非但不能把网上资源变成自己的资源，而且长期的被动使用还会滋生偷懒、依赖的心理，对教师的自身发展极为不利。所以，教师利用网络资源，不能在任务来临之际，而应重视平时的留心，多关注与自己职业相关的资料，需收集的可整理归类，有感悟的也可发帖交流。积极主动地进行网上资源的查阅、收集、归类、整理，日积月累，厚积薄发，最终成为源于网络、又属于自己的职业资源，并提升为自己永久的工作能力。这样再利用的时候，就会信手拈来，并使运用的效果达到最优化。

网络时代的教师不仅仅是知识的传授者，还是学生全面发展的促进者。教师帮助学生学会在实践中学，为学生终身学习奠定基础，同时实现了教师自身的发展和提高。教师的工作任重而道远，因此要不断提高自身素质才能更好地服务于教育教学。

21世纪是信息化、网络化的时代，为了促进基础教育的改革，促进青少年素质的全面提高，加快由应试教育向素质教育的真正转变，当代教师应该取代传统的教学方式，更新教育思想，以信息化、网络化的先进教育手段，实现网络教育、远程教育、教育资源共享。我们相信只要我们能充分利用网络资源，我们的教学必能取得良好的效果，中国的教育必将取得突飞猛进的发展。

基本功之八　课堂管理

课堂管理能力是教师教学能力结构中非常重要的一种能力，可以这么说，不会课堂管理，就不会上课。科学合理的课堂管理能高效地传递教学信息，整合知识体系，提高学生综合素质，达到教学目的。所以课堂管理的成功与否，决定着教学能否顺利进行，当然也就更加直接地影响着教学任务的完成和教学效果的取得。善于进行课堂调控的老师不但可以有效地落实教学计划，达到教学目标，提高教学效益，而且还能大大地增强学生进一步学习的兴趣和愿望，使学生的知识得到增长，智力得到启迪和开发，道德、情感得到升华，而且教师本人也从中树立了威信，获得了尊重，课堂气氛融洽。因此，课堂管理技能是教师应具备的一项十分重要的技能，教师必须掌握和不断提高这项教学艺术。

一、新课程下课堂管理的概念及特点

课堂管理是教师为了完成教学任务，调控人际关系，和谐教学环境，引导学生学习的一系列教学行为方式。管理好课堂是开展教学活动的基石，教师必须不断地提高课堂管理技能。在课堂教学中，教师除了"教"的任务外，还有一个"管"的任务，也就是协调、控制课堂中各种教学因素及其关系，使之形成一个有序的整体，以保证教学活动的顺利进行。这一活动即为通常所说的课堂管理。

课堂管理的任务比较复杂。一般认为，课堂管理包括课堂人际关系管理、课堂环境管理、课堂纪律管理等方面。课堂人际关系的管理指的是对课堂中的师生关系、同伴关系的管理，包括建立良好的师生关系、确立群体规范、营造和谐的同伴关系等；课堂环境管理是指对课堂中的教学环境的管理，包括物理环境的安排、社会心理环境的营造等；课堂纪律管理指的是课堂行为规范、准则的制订与实施，应对学生的问题行为等活动。

二、新课程下课堂管理的目的及意义

课堂管理的实质是对课堂基本要素进行的协调和控制，目的是为有效课堂教学营造和谐而融洽的人际心理环境，主要表现为对正当课堂行为的维持和强化以及对不当或违规课堂行为的矫正。首先，教师的课堂管理行为不同于教师和学生的课堂交往行为，它是一种典型的目的性行为。教师根据明确的目标导向，做出教学规划与决策，采取行动，并追求以最小的代价换取最大的教育效益。其次，教师的课堂管理行为还是一种规范调整行为，教师从教育目标的达成要求出发，从提高教学效益的需要出发，逐步建立起班级内学生们的共同的课堂行为规范。教师还要对规范的执行情况进行监控与调节。课堂管理艺术和技巧是以学生发展为本的，是教师教学智慧的新表征，是教学实践和经验的概括和理性提升。

三、新课程下课堂管理技能的构成要素

在课堂管理过程中，教师始终处于管理行为的发动和主动协调的中心位置。教师必须具备相应的技巧和能力，才能使自己与课堂物理环境、与学生之间的关系处于和谐之中。为此，我们有必要了解课堂管理技能的基本构成要素。

（一）课堂应变能力

教师的课堂应变能力是指教师在课堂教学中，灵活妥善地处理突发事件，根

据学生的反馈信息及时对教学作出调整，圆满完成教学任务的能力。它不是一种单一的教学能力，而是教师教育观念、常识、教学经验及多种素质的综合体现。

教师是课堂的主导，课堂教学效果的优劣不仅与教师自身掌握教学大纲、吃透教材、领会教法的程度有关，而且和教师在课堂上所表现出来的机智灵活、随机应变的能力有关。在"教"与"学"的知识传递和情感交流中，教师要熟练地驾驭课堂教学，有效地调控教学流程。因此需要教师具有一定的教育能力和教育技巧，教师在课堂上表现出的应变能力是其知识、智慧、能力的集中体现，是提高应变能力的途径。

1. 认真备好课

我们在写年度考核表的时候，有一栏"教学工作"，我们都会写上"认真备课上课"，可见教师只上好课是不行的，还要备课。备课和提高课堂应变能力这两个看似不相关，但是却有着千丝万缕的联系。我们在备课时除了备教材、备教法，还要备学生。在上课时，也要根据学生的实际情况、课堂的实际情况来调整教学内容，如果觉得学生没吃饱，可以适当增加内容的宽度，有的学生吃不下去了，就要适当删减内容；教学方法不合适，也可以及时改变，学生的学习效果不理想，更要适时调整，才能达到好的教学效果。这些如果在课堂上出现了，我们及时调整，那个叫机智，但不是每次我们的机智都能说来就来，也有短路的时候，这就需要我们在备课时对这些情境进行预设，先把会出现的情况尽可能想到，并且制定应对办法。

2. 调整自己心态，保持镇定，遇事不要慌乱

突发事件出现后，教师不要心慌，要沉着冷静，迅速思考，寻找应付对策。如在课堂教学板书时，由于一时疏忽，写了错字、漏写了字或计算错误，如果是教师

先发现的，要引导学生仔细看，找到错误的地方，教师可以巧妙地说："老师是故意的，就是想看看同学们学习上细心不细心。"如果是学生先发现的，教师也可以这么说，然后给予学生表扬："对，学习上就要这么认真，来不得半点马虎的。"这比教师慌乱地擦掉再补上要好得多，一来可以借此对学生进行学习态度的教育；二来可以根据课堂教学的实际情况，把写错的字或计算的错误作为问题提出来让学生识别和纠正；第三，教师在学生心目中的形象不受影响。

3.巧用教学机智和幽默来化解

教学机智是教师在教学过程中随机应变、灵活创造的能力，是教师教学的基本素质之一，也是教师课堂调控艺术的重要组成部分。教师利用自身的人格魅力影响学生，以独特的能力驾驭课堂，用教学心理对待偶发事件，把握教育契机，都是教学机制发挥的作用。

例如，一位教师在一次课堂教学中，讲台的木板突然"砰"地掉在了台阶上。全班同学大吃一惊后，情不自禁地笑开了。这位教师灵机一动，说道："这就证明了我们物理课所学的万有引力定律的科学性。"于是，同学们惊诧的哄笑变成了会心的微笑。这位教师的教学机智和幽默提高了学生的学习兴趣，加深了学生的记忆。

4.提高自身素质，充实自己的知识水平

教师处理课堂的"变"后，还应该具有渊博的知识。除了有专业知识外，还要有广泛的其他知识和技能。其次要善于总结和吸取别人的经验，改进教学方法，提高工作能力。教师应该多参与社会交际活动，多多关心社会热点问题和娱乐时尚，来进一步提高自身素质，做到与学生无代沟，成为学生的朋友。另外就是要注意搜集教师技能这方面的信息，通过网络、观摩课例、教研活动讨论等方式，应对多变

的课堂，应对充满生机、特点多变的学生。

(二) 课堂观察能力

课堂观察是教师获得实践知识的重要来源，也是教师用以搜集学生资料、分析教学方法的有效性以及了解教与学行为的基本途径。近年来，课堂观察问题在国外的相关研究和教师教育课程中越来越受重视，课堂观察技能被视为教师必备的一种重要的专业能力以及教师进行有效教学的一种不可或缺的影响因素。然而，在我国课堂观察至今仍然是"一项被遗漏的教师专业能力"，没有形成系统化的理论体系。因此，我们应对教师的课堂观察技能进行积极的探讨，以便更好地改进课堂教学，促进教师专业能力的发展。

课堂观察的原则：

1. 计划性

有效的观察来自周密的计划，正如巴斯德所言："在观察的领域里，机遇只偏爱那种有准备的头脑。"教师应在课堂教学的关键处设立观察点，有意识、有目的、有选择地捕捉学生的反馈信息，这样才能根据观察到的情况随时对课堂活动做出调控。有意识，就是要求教师要有强烈的观察意识，养成良好的观察习惯，在教学活动过程中随时随地进行观察。有目的，就是要求教师对看什么、为什么看、怎样看，要做到心中有数。有选择，就是要求教师会选择具有代表性的对象，掌握良好的观察时机和选择便于观察的位置，突出所需观察的对象。因此，教师每次的观察都要有所侧重，可以根据学生的学习情况和自身职业能力发展的需求确定观察内容，选择不同的观察点。

2. 客观性

客观性是指从实际出发，采取实事求是的态度，按客观事物的本来面目反映事物，决不做主观虚构。值得注意的是，由于选择性因素的存在，并不存在"纯客观"的观察，因为任何观察都是一种选择，都会自觉不自觉地受到观察者的价值体系的影响，课堂观察所描述的"事实"也很难做到全面而真实。首先是观察者的知识背景不同，对同一现象的观察可能得出截然不同的结论。其次是观察者的认知方式与观察方法的差异，能够影响到对观察结果的分析。因此，课堂观察要求教师不仅要有正确的思想认识，力排干扰，避免各种观察误区，还要不断提高自己的观察水平，在预先设计的观察框架下，收集充分、适当的信息，使观察得到的结论更加准确、客观。

3. 全面性

教师在课堂观察过程中要坚持面向全体学生，注重课堂教学整体性的效果观察，对课堂中的全面情况加以监控，同时又要根据课堂情境的特点和学生的表现，对课堂活动的某些方面或某些学生的个人行为进行重点观察，以达到对课堂教学活动的深入了解。这就要求教师做到全面的整体观察与个体的重点观察相结合，统筹兼顾，不可偏废任何一方。要做到这一点，教师需要掌握各种观察的方法，如注视、扫视、环视和巡视。此外，教师还可以采用调查方法解决课堂观察中的问题。例如，教师直接向学生征询作业的情况，还可以要求学生举手，进行课堂教学效果反馈，以弥补课堂观察的不足。

(三) 情绪控制能力

人民教师肩负对后代的教育、教养的任务。师生之间的情绪具有交互感染性，教师本身的情绪状态可以产生共鸣，使学生受到潜移默化的影响；反之，学生情绪状态也会影响着教师，使课堂出现某种心理气氛。但在课堂教学中，教师起着主导作用。因此，作为教师，非常有必要掌握调控不良情绪的方法，保持愉快的心境，以有利于课堂教学效果的提高。

1. 建立和谐的师生关系，营造平等的情感氛围

和谐的师生关系和轻松的课堂氛围不仅有利于改善教师的情绪状态，对于学生更好地接受新知识也能起到事半功倍的效果，从而提高整个课堂教学效果。

例如，在第一节课，告诉学生你是他们的朋友，这就拉近了师生间的距离，消除了内向学生的紧张感，然后把你的联系方式告诉学生，更证明你和他们平等的关系，也说明你想真心和他们做朋友。课后经常翻阅学籍档案，多与学生交流，了解每个学生。课上提问，从简单的、学生感兴趣的入手，延长等候时间，决不自己操办或叫另一学生做答，这样会让学生感到受到尊重及体贴背后的平等气氛。提问要采取多种、灵活的方式，如配对练习、小组活动、即兴表演等，让大多数学生参与进来，课上讨论的气氛活跃，而且正是在讨论中，学生才能处于一种放松、自然的状态，互学互助，从发现问题到解决问题。

2. 准备充分，满怀信心

认真扎实的课前准备是信心的基础。教师课前若是备课充分，不仅能使自己的授课内容丰富，使学生获得更多的知识，增强学生对所学知识的理解记忆，而且对增加自身的信心和精神状态也是大有裨益的。自信对提升一个人的情绪非常重要，试想若一个教师没有备课或对课堂准备不是很充分，那他讲课的时候就可能会胆怯，声音可能不够洪亮，不敢和学生有深入的交流，情绪就不可能高涨，课堂教学效果就不会理想。所以，教师要想取得理想的课堂教学效果，备课及课前的准备工作是必须要做好的。

3. 注重反思，增强个人素养

反思性教学是指教师对自己的教学行为，尤其是课堂上发生的教学活动，通过记教学日记、写教学报告、问卷调查及座谈、与教学同行互相探讨等方式，反思

自己的教学行为、教学动机，不断改进，从而提高教学质量。在反思过程中，应避免消极情绪对反思的抑制作用，鼓励用积极的情绪来推进反思。积极地进行反思，写教学日志，找别人交谈，与学生沟通，这样教师自己会变得积极主动，教学更有计划性，效果更好。教师应学会用积极的情感进行反思，及时发现教学中出现的各种情感问题，分析其性质，采取措施加以解决。

4. 课堂上适时调整情绪

如何才能把好的情绪带进课堂，是每位教师都必须认真对待的问题。如课前发现自己的情绪不佳时，可以采用静静地坐一会儿、想想一些开心的事等方式转移一下自己的注意力，调整自己的情绪。课堂上由于偶发事件使自己情绪不佳时，要暗示自己，努力控制自己的情绪，也可以稍稍加以停顿，既可稳定情绪又可稳定课堂气氛；也可用打诨、讲个笑话等加以化解；另外还可采用精心设计一堂课，应用灵活生动的教学方法，以热烈、欢快的课堂气氛来烘托自己的情绪等。总之，在课堂教学中只有教师保持最佳的情绪状态，才能充分发挥自己的教学水平，才能保持良好和谐的课堂气氛，才会有教学的高效率、高质量。

5. 加强与周围人的沟通和交流

与人交往，是每个人心理上的需要，在与人沟通交流中才能体验到人生的快乐。如果一个教师独来独往，不与人交流沟通，一些不开心的事情得不到倾诉，开心的事情得不到分享，久而久之，心情就会变得郁闷、烦躁，容易产生消极的情绪。作为教师，来自教学、家庭、社会上的烦心事可能比较多，因此我们更应该加强与朝夕相处的同事们的沟通和交流，让自己永远保持一个好心情。沟通时，大家不仅可以就生活中的烦恼和不快进行交流，还可以就改进教学方法、丰富教学内容以及因材施教等问题进行相互的交流。这样既有利于增强课堂教学效果，又有利于缓解和提升教师的情绪。

（四）表达能力

语言表达能力是一个人与他人交流思想感情的能力。教师是传播文明的使者。因此，语言表达能力是教师劳动的特殊工具。教师要把书本知识、教学信息、自己的思想和教学的要求传授给学生，主要通过语言表达。可见，语言表达能力对于教师有着多么重要的意义。语言表达能力既是一种技能因素，又是一种智力因素，因此，教师应重视语言表达能力的培养。

教师在教学中的语言，既具有讲演式独白的特点，又具有平心静气地与人谈心的口头语言的色彩，具体而言有如下特点：

1. 准确简练，叙述连贯，逻辑性强

这是由教师传授知识这一特定任务要求的。科学知识本身就具有内在的逻辑性和首尾的连贯性及叙述的准确性。如果教师把它说得支离破碎、前后矛盾、模棱两可，这样会使学生不能从整体上、本质上准确地理解和掌握科学知识。所谓"以其昏昏，使人昭昭"这是不可能的，为此，教师须力求语言准确简练，前后连贯，逻辑性强。

2. 通俗易懂，设问多，比喻多，停顿多

这就是说教师在语言表达过程中要力求深入浅出、形象生动、通俗明白、流畅自然、跌宕起伏、抑扬顿挫。因为教师是要通过语言表达来向学生传授知识，只有把话说得明白，易于理解和接受，才能真正起着作用，否则一口疙瘩话、半截话，或满口概念术语、晦词涩句，或微言大义，故作高深，都会使学生如坠五里雾中，如听天书。所谓"言者滔滔，闻者憔憔"，这样会造成学生理解的障碍。加里宁曾对一个教师说："要研究文法，使得语句通顺，但要说得自然，要说得普通。"

3. 讲究艺术，富于情感

这就是说教师的语言表达要竭力地设置一个良好的教学情境。尽可能把话说得生动活泼、鲜明形象、感情洋溢，使学生"如临其境"、"如见其形"、"如闻其声"。只有在这样一种境界下，学生才能真正地专心致志，全神贯注地听讲。难怪有人说："语言是率领人们冲锋陷阵的统帅，是拨动人们心灵琴弦的乐师，是争取人们灵魂的坚强战士。"

四、新课程下课堂管理的原则

（一）目标原则

作为课堂管理者的教师，课堂上所实施的一切管理措施，包括组织、协调、激励、评价等，都应当努力服务于设定的教学目标；课堂管理的成败得失，也应当以教学目标的实现作为衡量依据。有的教师忽视教学目标对课堂管理的制约作用，片面追求课堂管理的表面现象，如过分强调安静的气氛、一律的坐姿、划一的行动等，而当这些管理要求脱离了教学目标之后，却可能成为窒息学生学习积极性、抑制思维的不良影响因素。实际上教师在课堂管理中主动激起师生之间、同学之间的各种内外"冲突"，比如分歧、争论等，或适度允许一些"出格"行为表现的存在，不仅不会影响课堂教学的成功进行，而且会促成教学目标的实现。因此，我们只有在目标原则的指导下，才能避免课堂管理的形式主义，创造出真正优化的课堂管理。

（二）激励原则

就是在课堂管理时，通过各种有效手段，最大限度地激起学生内在的学习积极性和求知热情。贯彻激励原则，首先要求教师在课堂上努力创设和谐愉悦的教学气氛，创造有利于学生思维、有利于教学顺利进行的民主气氛，而不应把学生课堂上的紧张与畏惧看作管理能力强的表现。

激励原则还要求教师在课堂管理中发扬教学民主，鼓励学生主动发问、质询和讨论，让学生思维的浪花不断跳跃激荡、那种把课堂管理看成是教师一统天下、不让学生的思维越雷池半步的做法，不利于学生个性的充分发展。

当然，贯彻激励原则并不排除严格要求和必要的批评，有说服力的批评其实也是对学生的激励。我们应当正确运用激励手段，强化课堂管理，使学生更加主动积极地进行课堂学习。

(三) 因势利导原则

课堂上，学生的思维会出现偏差。教师对学生的偏差不要简单地否定，要搞清学生的思路在哪个地方出了问题，然后加以引导，使学生在不知不觉中修正自己的偏差。这就是因势利导的艺术。

例如，在《谁是最可爱的人》中，"我"问战士："你们不觉得苦吗？"战士"笑了笑"。我问学生："战士'笑了笑'，说明对'苦不苦'这个问题有现成的答案呢，还是没有现成的答案？"学生有的说有，有的说无。我引导学生继续思考："志愿军战士到朝鲜来做好了吃苦的准备没有？"学生异口同声："做好了。"我意识到这就是我要凭借的"势"。于是，我接着问："甚至连什么的准备都做好了？"学生回答："牺牲的准备。"我又问："对于一个做好了吃苦甚至牺牲的准备的战士来说，回答'苦不苦'这个问题，就显得太什么了？"学生立刻回答："太简单了"、"胸有成竹。"我接着问："那么这个'笑了笑'说明战士有现成的答案还是没有现成的答案？"学生回答："有现成的答案。"因势利导，水到渠成，并为下面理解志愿军战士只想奉献不想索取的高尚品质打下了基础。

因势利导的方式方法是多种多样的，关键是善于凭借学生的"势"。"利导"则是朝着有利于教学目标的方向引导。学生的"势"往往是原始理解，是教师教学的起点，没有这个"势"，教师的教学就失去了凭借，就无法对症下药。学生正确的理解可以作为教师向纵深开拓的"势"，学生的错误理解可以作为教师向正确方向引导的"势"。

(四) 反馈原则

运用信息反馈原理，对课堂管理进行主动而自觉的调节和修正，是反馈原则的基本思想。

课堂管理的反馈原则，还要求教师在课堂教学的过程中，不断运用即时信息来调整管理活动。由于课堂教学是在特定的时空内，面对着的是几十个活生生的学生，这是一个多因素彼此影响和制约的复杂动态过程，总可能出现各种偶发情况。因此，教师应当不断分析把握教学目标与课堂管理现状之间存在的偏差，运用自己的教育机智，因势利导，确定课堂管理的各种新指令，作用于全班同学，善于在变化的教学过程中寻求优化的管理对策，而不应拘泥于一成不变的管理方案。

五、新课程下突发事件的管理

在课堂教学中，由于学生的知识水平、兴趣爱好、性格特点各异，他们的表现必然会千差万别，加之外界环境影响，课堂教学中出现偶发事件、意外情况是难免的。这样的课堂突发事件还有很多类型，通常有以下几种：

(一) 分心型

由于某些学生不注意听讲，或者由于教师讲的时间过长，学生听得倦怠，或者由于学生自制能力差，教师在台上讲课，学生在下边打瞌睡，做小动作。这时教师若提问，他们往往会答非所问，甚至引得同学哄堂大笑。

(二) 风头型

一个班学生几十人，难免有几个爱出风头的。如果平时这个班纪律性一直不强，那么这几个爱出风头的人往往会向教师发难。他们或在教师讲课时，故意提出一些不该提的问题，有意为难教师，或在回答问题时，离题万里不着边际，或者与同学打闹、嬉戏。

(三) 恶作剧型

有的学生对教师的某些做法不满或抱有成见，在课堂上伺机发难，也有极个别学生在课堂上故意捣乱。这样产生的偶发事件就属于恶作剧型。

(四) 纠纷型

课堂教学中常常出现这样的情形，教师正在认真上课，下边的同学也大多在专心听课，突然同座位或相邻的两个同学争执起来，轻者发生口角，重者你推我拉，互不相让，甚至大打出手。

当课堂上出现偶发事件时，如何应对学生的无理狡辩？教师应如何妥善处理呢？怎样达到师生之间的理解和信任呢？

(一) 教师要做到充分冷静

教师每当遇到突如其来的事件时，切忌过于急躁，千万不要因为自己是教师而摆出高高在上的姿态，应该做到充分冷静，迅速灵活地集中转移到事件的另一面去。从而不仅使教师本身巧妙地躲过尴尬，同时，还有利于加深师生感情、融洽师生关系。课堂上的突发事件，虽然往往人证物证齐全，但如果教师停止教学，非得让学生当场承认错误，非得在课堂上解决问题，弄僵了也许会让自己下不了台，而且教师愤怒的情绪也会传染给全班学生，以至于这节课不能完成教学任务，其他学生也陪着浪费时间。魏书生说："无论课前我有什么烦恼和不快，一到上课，就得像川剧演员变脸一样，换作笑脸面对学生。"教师要始终能稳定自己的情绪，虽有生气但很快控制了，使课堂能平静地继续上课，学生们也会从老师身上学到沉稳的气质。

（二）可以采取冷处理的方式

刚刚上课的时候，学生比较冲动，有时会不太理智，情绪容易激动，这时谈话也许要费力，有时让其先反思一番，未尝不可。可让学生课间课余反省，以真正达到知错，从而来让其认识错误、改正错误。但如果对学生进行批评、否定、惩罚等负强化激励教育时，不要"刮脸皮"，打"遭遇战"。事情过后，冷静下来想想，学生自己也会反省到自己的错误，毕竟他是有一定的是非观念的。教师如果在课堂上采取了冷处理，既照顾了学生的自尊又使课堂教学正常进行，冷静后的谈话使学生心悦诚服地接受批评改正错误，师生的矛盾得到融解，师生心灵更加理解和信任，这样冷处理不至于把事情弄僵。而当他们稍有悔改之意时，就应及时鼓励，把握时机，以达到教育之目的。"吾日三省"，"三思而后行"，这些古训对其应是具有较好的教育和鞭策作用。

（三）注意谈心的方式方法

谈心的方法，千万要注意，不能与学生在课堂上发生冲突。课后，将其叫到办公室，先让他写出事情发生的全过程，且在过程后写上自己当时的想法、现在的想法以及今后的悔改措施。如果违反了班级常规，或者某项任务没有及时保质保量完成，那么，这名学生就要写一份说明书。说明书的字数不固定，根据具体情况而定。说明书不同于检讨书，因学生所站的角度不同，所以，写的情感及其效果固然不同。一个学生说："我爱淘气，小学时就常写检讨书，越写越恨老师；现在写说明书，越写越恨自己！"写说明书的目的是说明之所以违反了班级常规或某项任务没有及时保质保量地完成的原因、过程、结果。让同学、老师或家长知道，以得到其了解、理解或谅解。更重要的是通过写说明书来达到学生自我教育的目的。写说明书，是让学生做自我心理裁决，让学生心平气和地思考这样做的利弊关系。这样有利于将师生矛盾转化为学生的自我矛盾，学生"新我"与"自我"斗争，正是自我教育的最佳方式。

(四) 可以采用心理疏导的方法

在环境因素中，还有一点需注意的是老师要根据具体情况选择不同的环境，对学生进行说服教育，进行心理疏导，不能大事小事全在班上唠叨一遍，因为那样做，学生们从心理上并不能接受。假装糊涂是给学生一个机会，也是给老师一个了解情况的时间。每一个学生都有自尊心，过分严格的要求，极易激化矛盾，不利于学生健康心理的培养。学生未经历社会的风雨，犹如一棵幼树，需要及时地慢慢浇灌，而不能劈头浇上一阵滚烫水。所以，要多一份耐心，少一份急躁；多一点宽容，少一份斥责；多一点疏导，少一点说教。

(五) 思考其他的处理方式

教育研究表明，优秀教师中有相当多的人在班上讲话并不多，但他们处处率先垂范，这本身就是一种积极暗示。比如，有些老师本来想对学生进行一番说服工作，可自己的言行本身已为学生做出了好的榜样，学生在观察了老师的行为后去进行模仿，在不知不觉中改变了自己的态度，这种身教比我们对学生唠唠叨叨地说教其效果要好得多。处理课堂突发事件，前提是要有爱心和耐心，其次是要讲究艺术和方法。作为一个教师要"多用情，少用气"。要以情感人，亲切和蔼，心平气和。教无定法，贵在得法。课堂中的突发事件层出不穷，作为人师，我们应以"尊重学生、爱护学生、理解学生、体贴学生"的原则来谨慎、恰当地处理好课堂的突发事件。

总之，对课堂突发事件的处理，方法不是唯一的。授课教师应从实际出发，充分发挥自己的主观能动性，许多课堂突发事件不但会迎刃而解，而且还会转化为宝贵的课堂教学资源。

基本功之九　作业设计

作业布置是教师教学工作和学生学习活动的一个重要环节，学生的作业既是消化、巩固知识，把知识转化为技能的重要环节，同时也可以通过学生作业的完成情况来了解学生对知识的掌握程度，另外作业也是培养学生分析问题、解决问题能力的重要载体。布置作业对教师来说是一项重要的技能，也是教师的常规工作之一，随着课改、教学大纲、教材内容的调整和实施，深入开展作业设计已势在必行。教师只有正确地理解作业的价值，更新教育观念，落实新课程理念，加强作业的改革，才能实现"减负增效"，让学生轻松地学习[1]。

一、新课程理念下作业的价值

新课标理念下的作业不完全是课堂教学的附属，而应该力求拓展学生的学习空间，激发学生的学习兴趣，挖掘学生的内在潜能，发展学生的创新思维。作业不再是强加给学生的负担，而是学生成长中的一种生活需要、学习需要，构成学生课外、校外生活的重要生活时空，成为学生成长的履历和生长点[2]。新课程理念下的作业就要经过精心设计，以发挥学生内在的潜能为出发点，既要真实地面对学生的差异性，又要尽可能地适合每一个有差异的学生个体，促进每一位学生的全

[1]孙章红.新课标下的作业设计[J].数学学习与研究，2011(18).

[2]孙章红.新课标下的作业设计[J].数学学习与研究，2011(18).

面发展；又要优化作业的结构与组合，重视口头作业、书面作业及实际活动作业的结合，增加层次性、开放性和实践性的作业。使学生在完成作业中巩固了知识，学会了求知与探究，为其终身学习和发展积淀良好的底蕴，最终让学生爱上学习，实现作业的真正价值。

二、新课程下作业设计的原则

传统作业被视为"课堂教学的延伸与补充"，作业内容日趋封闭僵化，与学生的生活实际相脱离。新课标理念下的作业不单纯是让学生消化、巩固知识，而是让学生通过完成作业来学会思考问题、解决问题的方式，培养学生的学习兴趣，挖掘学生的潜能，让作业成为学生学习的必需品。由此可见，如何按新课标精神和学生的认知能力设计作业，显得尤为重要。

（一）作业设计要讲究适度性

有的老师会认为教师应该尽量给学生布置多的作业，作业的质量并不重要，关键的是要有一定的"量"，他们认为"量变"必定能导致"质变"。然而，研究表明，作业在改进学生的学习技能和责任心等方面有正面功效，可是，只注重"量"而不重视"质"的作业产生的危害更加显著，它会压垮学生，并使他们感到厌烦，没时间和兴趣去主动地学习，并导致学生为按时完成作业而抄袭他人。因此，作业布置应该要适量，这样，可以让学生有充足的时间做自己感兴趣的事，充分发展他们的天性，扩展他们的思维，锻炼他们的能力。在"质"的方面，教师应使得设计的作业有利于巩固学生课堂所学的知识，加深对知识的理解，提高学生的成绩；还要有利于激发学生积极主动的思考，拓展学生的思维，培养学生的创新意识，锻炼学生的实践能力；最后也要有助于培养学生的良好的思想品德和行为习惯，提高学生的全面素质。

(二)作业设计要讲究趣味性

传统的作业大多数是枯燥乏味的，学生一味地做习题，让他们觉得厌烦，毫无兴趣。我们知道兴趣是最好的老师，它能激发求知的欲望，促进思维的活跃，保持学习的持久。因此，作业的设计首先要有趣味性，要能"吊起"学生的胃口，使学生一看作业的内容就有劲，只有当学生对完成老师布置的作业表现出了喜悦的心情和求知欲望，才能激起克服困难的意志。如此才能激发学生的学习兴趣，培养学生的创新意识，进而全面提高学生的综合素养。以语文教学为例，可以采取以下方法：

1. 画画作业

在教授一些按方位顺序写的文章，如《三味书屋》《我们的教室》《北京》时，要求学生根据课文内容画出示意图。通过画图，学生更加深刻地理解了课文。在教授了《北京》后，可以布置这样的家庭作业："自读课文后，把你看到的北京用图画表现出来。"这样的画画作业，既提高了学生学习的兴趣，又增强了学生对课文的理解能力，同时也充分发挥了学生想象设计的能力和绘画的能力，又有哪个学生不爱完成这样的作业呢？

2. 想象作业

想象能够增强学生学习的主动性，发挥学生学习的创造性。新大纲指出："要鼓励学生写想象中的事物，激发他们展开想象和幻想，发挥自己的创造性。"因此，在布置家庭作业时，根据教材的特点，可以注重布置相应的想象写作的练习，以拓展学生想象的空间，增强和丰富他们的想象力，进而促进学生创造性思维的发展。如在学习《狼和小羊》《小猴子下山》《狐狸和乌鸦》《龟兔赛跑》等课文后，就可以布置想象作业。在学了《龟兔赛跑》以后，让学生们写一写龟兔第二次赛跑。

这样的想象作业，学生有常做常新之感，所以完成作业的积极性都非常高。

3. 表演作业

对于故事情节性较强或场面描写具有较强动作性的课文，可以让学生在熟读课文、理解课文的基础上亲自演一演。低年级的课文以童话、寓言故事为主，为此，可以按家庭住址把全班学生分成几组，让他们在学完课文后，按小组排演课本剧。然后，给予评分，对表演好的学生给予表扬，对表演差的学生也给予鼓励，让所有学生都积极参与进来。通过分角色表演，使学生们更加深刻地理解了课文内容，同时也培养了学生的表演能力。

(三)作业设计要讲究开放性

学生以形象思维为主，生动有趣的语言更能吸引学生的注意力，引起他们积极的思考。传统的作业多是一些呆板、划一的导语，如口算题、填空题、选择题、应用题等，新课程理念下的作业要求教师在题目的导语上力求创新，换成让学生喜闻乐见、易于接受的形式，从而使作业成为尊重学生主体意识的教学活动。如口算题改为"数学直通车"，填空题改为"生活五彩园"，选择题改为"择优录取"，判断题改为"我当小法官"，计算题改为"神机妙算"，应用题改为"解决问题，我能行"，实践操作改为"心灵手巧，试一试"，拓展题改为"素质加油站"等，如此灵动的、人性化的导语，改变了以往标准化的冷面孔，在学生的心中，作业变成了极富情趣的智慧之旅，也会让学生感觉到作业的乐趣[1]。

由于学生思考分析问题的角度不同，可能会使同一道题目具有多种解答方法。这就要求教师在设计作业时，要充分考虑到教材中多解的因素，结合学生的认知水平和已有经验，引导学生进行多维度、多渠道和多样化的尝试，寻求新颖独特、

---

[1]方力钧.新课改背景下的数学命题变革[J].教学与管理，2009(14).

有创造性的正确的解法。

例如，旅游中的数学问题：同学们要到动物园，动物园的票价成人每人10元，儿童每人5元，10人团体每人6元。班级有50名同学以及3位老师，如果都去参观，你能算一算怎样买比较省钱吗？此题的解题策略是开放的，它要求学生应用分析的方法将几种不同的买票方法进行比较，得出合算的结果。其一是将师生分为成人与学生两组，分别购票。其二，将师生合为一个团体，以团体名义购票。这两种方法学生容易想到，还应充分挖掘其内涵，启发学生思考："在什么情况下师生分别购票是合算的？又在什么情况下以团体的方式购票合算？"将7名学生与3位老师合成一个团体，以团体名义购票，剩余43名学生购买学生票。显然这种方法最合算。这样的作业可引领学生在更深的层面上思考，对多种解法进行比较，从而较好地培养学生思维的灵活性和独创性。

（四）作业设计要讲究层次性

每个学生的智力、条件以及生活环境不同，导致他们具有不同的发展特点和成长经历，所以，教师在设计作业时要考虑到学生之间的个体差异，根据学生的兴趣、性格、能力以及知识的掌握情况等具体情况来设计作业。"一致"的作业是不能面向全体学生，所以设计作业时要尊重学生的个性和层次，从学生的实际情况出发，着眼于学生的未来发展，设计不同梯度的作业，使大多数学生经过努力，达到教学大纲要求，获得成功；使少数尖子生经过认真思考和努力才能完成作业，获得优秀型成功；使个别在某一方面暂时处于后进状态的学生能够在自己原有基础上有所提高，获得进步型成功，进而形成在成功中寻求进取、在进取中获得成功的良性循环，使全体学生都能体验作业活动带来的喜悦，增加他们的自信心，让他们爱上学习。

例如，在布置作业时，我们可以根据学生学习能力的差异和教学目标，把作业设计成A、B、C三类。其中A类作业偏重于综合能力的运用，C类作业偏重于基础知识的巩固和积累，B类则介于二者之间。学生可以自己选择想完成的作业，增加作业的弹性，多给学生选择的空间和权利。这样使每个层次的学生大都能有质量地完成练习作业，尝到学习的快乐，从而获得成就感。在学生学了一篇英语对话之后，将作业设计成这样三类：比如，在学了"Meet My Family"中的"Let's talk"后，给学生设计以下三类作业，让学生根据自己的能力选择一题。A类作业：学生可以自由想象设计一张"family photo"，然后描述photo；B类作业，由两个同学自由组合表演文中的dialogue。但是对于有些基础薄弱的学生来说，要完成前两项作业都有很大的难度，但是为了让他们也能体会到学习的快乐，可以设计C类作业：能看着课本听懂录音，选择部分片段进行表演。这样的作业设计能使不同层次不同水平的学生都能对该课所学的内容进行巩固，也能从中体会到学习和成功的乐趣。所有学生都可以根据自己的能力去选择自己能完成的作业，体会到学习的快乐。

（五）作业设计要讲究实践性

教师在设计作业的过程中，还应考虑培养学生的动脑、动口、动手等各方面的综合能力，因此教师可以设计一些实践型的作业，让学生通过动手实践来巩固所学知识，知道所学知识的用途。这种让学生动手做一做的作业不仅锻炼了学生的动手能力，而且还淡化了作业的枯燥，提高了学生对作业的新鲜感和兴趣，也间接地培养了学生的综合能力，然后教师再根据学生完成的实际情况来给予评价和指导。传统教育最大的缺点是学生在学校中不能充分地、自由地运用他在校外所获得的经验；另一方面，他又不能把学校里所学的东西应用于日常生活，感受不到学习的重要性。传统的作业题目往往是让学生做一些枯燥呆板的习题，虽然学生因此积累了丰富的做"题"经验，但当学生碰到实际问题时却显得不知所措、无能为力，找不到解决问题的方法。而研究表明，实践操作型作业能增强学生运用知识解决生活中问题的能力，正所谓"实践出真知"。

例如，在学习"长度单位"时，可组织学生开展种蒜苗活动，让学生用心观察、认真记录其中的"长度变化"，活动要求是(1)把蒜瓣穿起来，泡在盘中；(2)每两天观察一次蒜苗的生长情况，并做好记录；(3)画一条线段，在线段上表示出蒜苗的生长情况。收获与体验是：①你种的蒜苗两周共长了多少厘米？②估计一下，蒜苗三周、四周时大约能长多少厘米，在你画的线段上用记号标出来。到时候验证一下你估计得准不准。③你记录的结果和别的同学一样吗？你认为不一样的原因是什么？④在测量蒜苗高度时，怎样测量更准些？⑤通过这次观察记录，你最大的感受是什么？

又如在讲到存款、利息等知识时，可设计实践性作业：银行的功能是什么？在社区内有哪几家银行？本金、年利率、利息、利息税等词是什么意思，从银行分别拿一张存款单和取款单，试着填一填。诸如此类的实践性作业，学生所学知识得到了巩固，学生知道除教材外还有许多获取信息的渠道。在实践操作过程中获得对社会的直接感受，同时增加积极的数学情感体验，学会综合已有的知识来解决问题。在实践操作的过程中，不仅可以帮助学生深入理解知识，而且可以引发学生的多向思考，培养学生的创新思维。

教师在设计实践性作业时，要从班级学生的实际情况出发，密切联系学生的生活，以活动、探索为主线，以多样化的形式呈现出来。使得学生通过实践性作业，获得一些活动的经验，了解所学知识在日常生活中的应用，会与他人沟通合作，获得积极主动的学习情感；通过实践性作业，使得学生学会综合运用所学的知识和方法解决实际生活中的问题，加深对所学知识的理解，体验到所学知识的重要性；通过实践性作业，可以全面检测学生的学习效果，使学生在完成作业的过程中，不仅能复习巩固所学知识，还能在实践过程中培养情感和发展处理问题的能力。

（六）作业设计要讲究综合性

传统作业，一般都渗透"学科本位"的思想，也就是说这些作业与其他学科的知识毫无关联。而新课程理念下的作业设计必须克服"学科本位"的弊端，要遵循沟通各学科知识、促进综合应用的原则。加强各学科知识间的相互沟通是作业设计改革的热点问题。这不仅是实施素质教育的重要措施，也是培养学生创新精神和实践能力的有效途径。教师在设计作业时，应根据教材和学生的实际情况，设计一些本学科知识与其他学科知识相联系的综合应用习题，这样不仅可以扩展学生的知识面，还可以促进学生养成善于联想、学会迁移、主动应用的好习惯。综合型作业不但有助于弥补按照知识体系分科学习的不足，还有利于知识的整合运用和学生能力的全面发展，这样，学生在处理综合型问题时不会束手无策，可以突破学科知识体系的界限，综合各学科知识来解决问题。

案例9-1　综合型作业

用竖式计算下面各数，并将题目的结果填入短文中，使短文成立。

$733 \div 38 =$＿＿＿，$121 \times 16 =$＿＿＿，$130 \div 26 =$＿＿＿，$99 \times 9 =$＿＿＿，$1210 \div 22 =$＿＿，$317 \times 6 =$＿＿＿。你知道吗？鲁迅是我国伟大的文学家、思想家和革命家。原名周树人，字豫才，浙江绍兴人。＿＿＿年出身于破落封建家庭。＿＿＿年前往日本学医，后弃医从文。18＿＿＿年＿＿＿月，首次用笔名"鲁迅"发表中国现代文学史上第一篇白话小说《狂人日记》。＿＿＿年10月病逝于上海。终年＿＿＿岁。

设计这样的作业，其主要功能是检测学生"两位数乘两位数的乘法"和"除数是两位数的除法"这样的知识点。但本题突破了只考查学科知识的局限，巧妙地引入"鲁迅生平"素材，从而在考查数学知识的同时与相邻学科建立了联系。学生在把这6道题的答案19、1936、5、1881、55、1902填入介绍"鲁迅生平"的文字的过程中，既用到了学过的年月日的知识，又学会了进行合情推理，达到了拓展学生知识面的目的。这样的设计使学生感到练习轻松而有趣。

三、新课程理念下作业的功能

（一）让学生学会学习

新课程理念下的作业大部分内容是开放性和探究性的，这些作业没有固定的答案，学生解答问题时要有一定的思考性、实践性和探究性，长此以往，他们的相应能力得以增强，形成解决问题的思维，而不是只会一味地做习题。新课程理念下的作业可以让学生学会学习，学生通过完成作业可以把知识系统化，进而转化为学生的内在知识，同时还增加了学生学习兴趣，使学生形成良好的学习习惯，具有良好的学习态度。

（二）培养学生的可持续发展能力

新课程理念下的作业的开放性，给予了学生充分的自由空间和发展空间，让学生在完成作业的过程中，积极思考，体会成功的喜悦，从而增加其自信心，成为今后的学习动力。另外新课程理念下的作业也会培养学生的创造力，让学生不会因为作业固定的答案而丢失创造力，创造力的培养是教育中的重要内容，新课程理念下的作业可以激发学生的学习兴趣，拓宽他们的视野，点燃他们创造性思维的火花。

（三）成为师生知识与情感交流的"信箱"

教师通过作业了解学生对所学知识的掌握情况，来改善自己的教学方式，让学生真正学懂，学生可以根据老师的评价指导确定自己的学习方式和方法是否合理，让作业成为老师和学生交流的一个无言的平台。通过这个平台让老师了解学生，让学生理解老师，对培养学生的学习行为习惯、培养学生的学习兴趣都有很大的帮助。通过作业老师可以用无声的方式给学生鼓励，激发学生学习的激情。在批改作业时，作业后给上适当的评语，做得好的，好在什么地方，有什么值得大家借鉴的；错误和需要改进的地方在哪里，也可以通过简短的几句话，给予指出，这个也是一种很好的教育方式，并且学生对这种方式还很容易接受，比在课堂上当众批评要好得多。有时候这种教育要比说服教育效果要好得多。

总之，作业在教学环节中是不可缺少的一个过程，老师要特别注意对学生作业的批改，做到每一个学生的作业都能给予帮助和指导，这样才有利于我们的教育教学工作。作业在教学中起到了很好的桥梁和纽带的作用，我们老师应该很好地把握和运用。如果作业这一环节把握和运用不好，将直接影响到我们的课堂教学效果。

基本功之十 命题能力

一、命题能力是教师必备的能力

案例10-1 从一件事说起[1]

又到学校进行校级调研了，这次校级数学调研由我负责。调研试卷从哪里来？问外校的同学借一个？从网络中下载一个？还是自己出？真头疼！这不由得又让我想起上学期学校组织的一次教师试卷命题基本功竞赛的情景。老教师说："命题的事情让年轻人做做算了，我们都老了。"年青教师上交的命题试卷大致有三种情形：网上直接下载的；教辅资料拼凑的；其他学校同学传来的。这不禁让我产生了一丝忧虑，数学教师居然不会命题了。

编制数学习题是一名数学教师日常的教学行为，也是教师必备的教学能力。在日常的教学设计、课堂教学中，教师能根据教学重点、难点设计出有层次、有梯度的习题，在单元、期中、期末检测中能编制符合要求的试卷以及在各种专项训练中编写符合要求的试题等都是教师命题能力的表现。然而，现在许多一线的数学教师命题能力正呈现出一种弱化的趋势。

(一)命题能力的内涵

人们对命题能力的理解通常是与各种类型的试题命制联系在一起的。狭义上

---

[1]翁国新.警惕！数学教师命题能力弱化现象[J].新课程学习，2011(01).

的命题能力主要包括试题的原创和改编能力，试题参考答案、评分标准的编制能力以及试卷的组合能力等三大方面[1]。

1. 试题的原创和改编能力

这是教师命题能力的集中体现。包括各类题型材料的收集、信息的提取、试题的提炼等。一份高质量的试卷应该依靠原创，不能一味进行抄袭和改编。否则，试卷容易有东拼西凑的感觉，而且会增加知识点重复考查等一系列问题出现的可能性，也缺乏针对性。当然，原创试题的能力是更高层次的要求，这是建立在对试题进行长期研究形成理性认识基础之上的。随着网络信息越来越发达，这样可以把试题电子化，不仅试题交流更快速，而且对试题进行必要的改编更是方便快捷，这也是命题者应该具备的对试题处理的能力之一。

2. 试题参考答案、评分标准的编制能力

实践证明，要命好一套试题，没有很强的答案编写能力和评分标准的编制能力是不行的。仅仅善于提出问题而不善于解决问题，依然不能很好地引导学生高效学习。从某种意义上说，参考答案和评分标准的编制是试卷编制的潜在前提，虽然它成形晚于试题，但却是试题命制者心中早有的蓝图，这张蓝图决定了考什么、怎么考，也决定了教师在教学过程中对各样知识点进行怎样的关注。

3. 试卷的组合能力

编写者要在题海中选择出合适的试题组合成卷是一件不容易的事情。每一道试题要放在合适的位置，才能体现出试题存在的价值，这需要编者具有一双慧眼。

选题要既能较好考查知识点，又要具有一定的科学性和实用性，各类题型的巧妙组合决定了试卷的质量。

[1]潘友梅.新课程视域下高师政教专业学生命题能力的培养[J].科教文汇，2010(08).

基本功之十 命题能力

（二）教师命题能力现状

编试题，出试卷，这本应是教师应有的基本功，但是学习教育中知识的掌握更受大家的追捧，似乎命题能力早已经被教师们忽略。随着知识与经验的积累以及频繁考试的磨砺，教师的命题水平应是水涨船高，驾轻就熟。但事实上，有的老师根本不认为命题能力是基本功，有这样命题能力的通常是各个组的备课组长。还有的老师认为，命题就是备课组长的事情，和他无关，这样，有的老师不仅没有命过题，连命题意识都没有。而备课组长的命题能力也是参差不齐，有的在网上拼凑，有的在资料上粘贴，选题也是根据个人喜好，不看课程标准，不看考试大纲，不分析学情，这样下来命题能力也只是停留在一个很低的水平。尤其值得注意的是，一些已工作了十几年的老教师，其命题能力也在萎缩退化，编制出来的试题不是过浅偏难，就是太平庸，没有创意；不是能力考查不足，就是题中有知识性、逻辑性错误。教师对于基本功的认识不够深刻是一方面，同时学校的发展方向也是一个影响因素，如果经常举行一些命题大赛，就像教师技能比赛一样，就会鼓励老师们的专业发展。

（三）命题能力的重要性

有学校就会有教学，有教学就会有评价，就我国目前的状况来讲，评价的方式以考试为主，考试就会涉及到命题。命题不只是专家的事，教研员的事，备课组长的事，它是教师基本功的重要组成部分。它关系到日常教学评价的准确度，关系到教师教学的有效性。命题能力也体现教师的专业水平，命一份科学、专业、有效的试题不仅要理解与把握课程标准、教材，也要了解学情，与学生的实际相符。如学生未来的目标是考上本科，你就没有必要把一些拔高的题目加入试卷，练一些基本的即可。作为一名教师，基本功是多方面的，不是把课教好就可以了，换句话说，你把课教好了，若真正了解学生，掌握教学的重难点，命一套好题是水到渠成的事情，这不仅体现你的专业功底，更能帮助你进行针对性的辅导，在教学上更上一层楼。

考试是教育评价的一个重要手段，评估是指导教学的重要环节。因此，如何进行考试、提高考试的科学性是促进教学的重要环节。在教学工作中，一份信度和效度较高的试题，是检验评价学生学业水平和才智的一种手段和方法。一份信度和效度均较高，且具有适当的难度和区分度的试题，必定对检验和评价学生水平与指导后续教学的调整起到积极作用。

二、命题能力的培养

俗话说"磨刀不误砍柴工"，《论语·卫灵公》中有"工欲善其事，必先利其器"，培养命题能力迫在眉睫，但也要有理论基础。

(一)试题命制的难点——控制难度和提高区分度[1]

1.影响试题难度的主要因素有：①考查知识点的多少。一道试题考查的知识点越多，其难度越大，反之就小。②考查内容的复杂程度或能力层次的高低。内容越复杂、能力层次要求越高，试题就越难。③考生对题目的熟悉程度。对于学生来说，题目陌生就会增大难度。④命题的技巧。如设问是指向明确还是含糊不清，阅读量有多少，思维量有多少等。

2.控制难度的一般办法：①参照以往试题的难度进行调整。②控制陌生题型的数量。③正确估计学生复习的成效。④注意考试的特征及参考人数。⑤明确试题与教学实际的联系。

3.对控制难度的试题结构一般要求：容易题——涉及的知识点少，一般是

[1]马铭之.教师应注重提高考试命题和质量分析水平[J].广西教育，2011(05).

基本功之十　命题能力

1~2个；问题和要求简单，一目了然，易选易答；没有干扰因素或干扰因素少。难度系数为0.4以下。这部分题的分数占全卷总分的50%~70%。中档题——涉及的知识点稍多，有一定的干扰因素，答题需要有一定的思考能力、思维量或答题量，但是不复杂。难度系数在0.4~0.7。这部分题的分数占全卷总分的20%~40%。较难题——涉及的知识点较多、综合性较强，有较多的干扰因素和一定深度，答题需要较强的思维能力、计算能力、解答能力。难度系数为0.7以上。这部分题的分数占全卷总分的10%—20%。

4. 试题的难度与区分度最大值有如下关系（见下表）：

表10—1

难度 (P)	区分度最大值
1.00	0.00
0.90	0. 20
0.70	0.60
0.60	0.80
0.50	1.00
0.40	0.80
0.30	0.60
0.10	0. 20
0.00	0.00

可见，试题的难度适中可使区分度达到最大值，这是提高试题区分度的重要方法。

一般来说，区分度达0.4为非常好的试题，0.3~0.39为良好的试题，0.20~0.29为尚可的试题，需改进；0.19以下为差的试题，必须淘汰或改进。

计算区分度可用极端分组法：对于客观题，可从全部试卷的最高分往下数和最低分往上数，数至27%处的得分作为高分组和低分组的难度，再按下列公式计算：D(区分度)=Ph(高分组的难度)-Pt(低分组的难度)。对于主观题，可按总人数的25%计算分别取高分组和低分组，然后以下列公式计算：$D=\dfrac{xh-xl}{n(H-L)}$（其中D表示区分度，Xh表示高分组得分总数，Xl表示低分组得分总数，n表示总人数的

25%,H表示这道题的最高得分,L表示这道题的最低得分)。

(二)命题的主要原则和一般程序

我们在命题过程中,常常出现这样一些问题:难度把握不准,知识覆盖面窄,重复题目多,命题有错,检测效果差等。这说明,加强命题研究,应坚持正确有效的命题原则、方法和程序。

1.命题的主要原则[1]

在命制试题中,我们应坚持如下原则:

科学性原则。在试题命制的过程中,首先要注重考试内容的科学性,要避免学术上有争议的问题,避免出现政治性、知识性、技术性的错误,不得违反教学和考试规律。在试题设问上,要指向明确,表达规范;在试题形式上,要图文匹配,编排合理,卷面设计美观;在试题题量难度上,要题量恰当,难度合适,梯度明显等。

导向性原则。在新课程实施条件下,试题命制要考核学生的知识与技能、过程与方法、情感态度和价值观等三维目标要求。要坚持面向全体学生,强调基础;要注重素养能力,体现综合性;要重视人文关怀,突出价值性;要立足社会生活,具有生活性,尽量杜绝偏、难、旧、怪的试题。

例如,某移动公司有两种手机卡,采用的收费标准如下表:

表 10-2

种类	月租费	每分钟话费
A卡	30元	0.3元
B卡	0元	0.6元

①小江爸爸5月份通话时间是80分钟,用A卡需要多少钱?用B卡需要多少钱?

②通话时间是几分钟时,A卡与B卡付费一样?

---

[1]张必发.加强命题研究 促进专业发展[J].教育科研,2011(07).

③你如果是售货员,将如何建议顾客购买手机卡,使顾客感觉到你的诚信?

分析:用手机打电话联系朋友是常见的生活情景。此题的编制出于以下几点考虑:第一,考查学生对小数乘除法的掌握情况。第二,让学生学会数学地思考生活中的有关问题。有意识地引导学生用数学眼光去看现实世界。第三,体现人文内涵。此题不失时机地渗透诚信教育理念,将空洞的说教式的诚信教育演变为学生主动参与和体验。第四,在现实生活中,可能会面临各种各样的选择方案,让学生亲身体验在选择最优化时,用数学知识、思想和方法往往是最有说服力的。

有效性原则。试题能否达到测试的目的和要求,是否有效,主要看试题的效度、信度、难度、区分度。效度是试题的有效程度,信度是试题的可靠程度,难度是试题的难易程度,区分度反映区分不同水平受试者的程度。一套有效性高的试题,要努力达到效度、信度高,难度要符合考试的性质、学生实际和考查目标,能较好地分辨被试者三维目标达成的不同情况。

创新性原则。试题的灵活、开放、新颖和创新,有助于学生拓宽思维空间,有利于学生创造性的发挥。在命制试题的过程中,我们要紧扣时代发展脉搏,注重考查学生对现实问题相关政策及其意义的理解,突出对社会热点问题的考查,引导学生关注人类的生存、发展和生活质量。同时,所命试题要尽可能立足本地区实际,挖掘乡土教材,突出地域特色。

例如,按照《中华人民共和国献血法》的规定,献血年龄为18~55周岁,两次献血间隔为六个月以上.每次献血量为200~400毫升。如果一名符合献血标准的健康人按每六个月献血一次,每次献血400毫升计算,那么,一个人一生大约可献血多少升?

分析:通常在考查升与毫升的知识时,只会出一些如"一个可乐瓶可装500毫升可乐，4个可乐瓶可以装多少升可乐"这样的题目，缺乏新意和内涵。这里将无偿献血的内容引入进来，学生在解题的同时，受到了一次免费的科普教育。其实，像无偿献血这样的一些社会公益事业从娃娃抓起，更有效果。

针对性原则。命题目的要清晰，命题选材要与学生当下所学知识、认知水平相一致，太难、太易的题可以说都是无效题，那会挫伤学生的学习积极性，往往事与愿违。因此，在命题中，要克服出现考非所学的现象，以期通过命题测试及时了解学生目标达成情况，从而更好地改进教育教学。

规范性原则。一套规范、合理的试题，应当做到主客观搭配，难易度比例合适，考核不同能力层次结构，各大、小题给出明确分值，考试用时要作规定等。尤其是在试卷编制上，数字编号要规范，标点符号要统一，文字、插图要清晰、准确；试卷校对准确无误。编制试题时，还要制定配备好答案和评分细则。

2.命题的一般程序

在命制试题中，我们应坚持如下程序：

明确考试目的。不管做什么事情，有的放矢才能事半功倍，命题也一样，要明确考试的性质与目的。试题性质一般可分为三类，一是选拔性考试，如高考、中考，当然这需要专业的命题组；二是学业水平考试，如初、高中各科的学业考试；三是常规性考试，如单元考试、期中考试、期末考试等，这些考试是我们平时经常遇到的，这样的考试命题离我们也比较近。不同的考试，考试目的不同。目的不同，命制试题的要求就不同。只有明确了考试性质和检测目的，所命制的试题才具有针对性和实效性。

收集并研读资料。命题之前，首先需要认真研读课程标准、学科教材等，以熟悉相关学科考试的指导思想、考试能力要求、考试命题范围、考试形式和试卷结构等,达到既埋头拉车,又抬头看路。同时,在平时就要注意收集整理考试有关的辞典、年鉴、手册、报告、杂志、教辅、试题等相关资料,把借鉴与创新有机结合起来,为编制高水平试题奠定资源基础。

制定"双向细目表"。"双向细目表"的制定,可以确保试卷有较宽的覆盖面,明确知识要点和比例,把握能力大小和难易程度,从而避免命题的随意性和盲目性。

表10-3 小学数学第七册双向细目表

序号	考点		A 了解 认识、识别	B 理解 知来龙,知联系,知用途	C 掌握 形成技能,能、会解决问题	D 灵活运用 综合运用,灵活运用
1	亿以内数的读法和写法	认识亿以内的计数单位	✓			
2		相邻两个计数单位之间的关系	✓			
3		亿以内数位顺序表			✓	
4		亿以内数的读法			✓	
5		亿以内数的写法			✓	
6		比较亿以内数的大小			✓	
7		把整万的数改写成用"万"作单位的数			✓	
8		用"四舍五入"法求近似数			✓	
9		求平均数的方法			✓	
10	亿以内的加法和减法	算整百整十数、整万数加减法			✓	
11		加法各部分之间的关系			✓	
12		减法各部分之间的关系			✓	
13		求未知数			✓	
14		列出含有未知数 x 的等式解答有关的一道应用题			✓	
15		加数和减数接近整十、整百数的加减法简便算法				✓
16		计算器的认识	✓			

序号	类别	知识点				
17	乘法、除法的知识	口算乘数、除数是整百数的乘法和除法。			✓	
18		两位数的乘、除法估算			✓	
19		运用因数与积的变化规律进行简便计算				✓
20		运用商不变规律进行简便计算				✓
21		乘法各部分之间的关系			✓	
22		除法各部分之间的关系			✓	
23		求未知数 x			✓	
24		用求未知数的方法解应用题				✓
25	分数的初步认识	几分之几的含义		✓		
26		分数读法和写法			✓	
27		分数各部分的名称	✓			
28		比较分数的大小			✓	
29		计算简单的分数加法			✓	
30		计算简单的分数减法			✓	
31		简单分数加减法应用题				✓
32	长方形和正方形的面积	面积的含义	✓			
33		常用的面积单位		✓		
34		面积单位之间的进率		✓		
35		面积单位的换算			✓	
36		长方形面积计算公式			✓	✓
37		正方形面积计算公式			✓	✓
38		面积和周长的对比		✓		
39		常用的土地面积单位	✓			
40		土地面积单位间的换算			✓	
41		简单的测量工具	✓			
42		步测和目测	✓			
43		步测的应用问题				✓

命制试题。双向细目表确定后，命题教师按照细目表命制试题初稿。命题人的

思想中要高度重视所承担的命题工作，要认识到，你的命题会被上百个甚至是上

基本功之十　命题能力

千个学生所用,他们的成绩将会影响一个学生,甚至是一个家庭。必须按照命题的要求和规定的交题时间完成试题初稿,否则就会影响考试的进度和后续的工作。初稿完成后,进入电子稿阶段,将所命的试题输入电脑,然后进入"磨题"阶段。在"磨题"阶段,要发挥教师团队的集体智慧和力量,对试卷逐题研磨,修改完善试题。"磨题"要尽可能多进行几次,反复打磨,以求更加完善,这个期间也可以找可靠的学生加入,对于试卷的有效性也是极有帮助的。

审定校对。试卷出来后,必须进行认真的审校,这也是整个试卷命制过程中重要的一个环节。试题本身出得再好,如果勘误较多,或是出现了科学性的错误,那这样的一套题在学生那里便大打折扣,在一定程度上失去信度。因此,在审校的过程中要求要高,应认真仔细。

编制答案。一套完整的试题不仅包含试题部分,答案及评分标准也是必不可少的。答案要准确、全面、简洁、规范;客观题的答案必须准确;主观题的评分标准要合理,每个要点或步骤都应标明得分。论述性试题应允许和鼓励学生表达独立见解,并在评卷中予以适当考虑。

试做试题。试题命制完成后,命题人一定要把整个试卷完整认真做一遍(不是看一遍),这样才能更加确保试卷的科学性、准确性。我们还可以通过请其他教师或部分学生帮忙试做试题,来进一步修改和完善试卷。

定稿印卷。试卷命制完成后,命题人、审题人都要签字。不仅是个人成果的归属,责任到人,命题人思想也会更加重视。至此,一套高质量的试卷命制就基本大功告成了。

基本功之十一 课堂评价的艺术

评价是人类有意识活动的一个表征，评价的目的就是为了使人类的生活日趋完善，促使人类自觉性和反思性的提高，它是构成人类有意识活动的一个有机组成部分。课堂评价也是如此，其目的就是为了检测教师的教学目的的达成和学生的有效学习的程度，促进教师和学生的发展。课堂评价贯穿于整个课堂教学活动过程，评价有效，则利于提高学生学习的积极性，激发学生探索学习的兴趣，也有利于提高学生的分析、评判能力和概括、总结能力等；若评价不当，就可能会对学生产生负面影响，如导致学生情绪低落、厌恶学习等，这样不利于学生的成长。

一、课堂评价的概念

关于课堂评价的含义，人们的认识并不一样，而且表述也不统一。斯蒂金斯和波帕姆等在提出课堂评价的概念时，是把课堂评价与标准化测验作为相对应的一对概念来界定的。[1]斯蒂金斯基于对标准化测验的弊端的认识，提出要重视课堂评价。他所指的课堂评价是以教师、学校为组织者进行的评价，包括课堂教学中进行的评价和教师自编的测验。布莱克和威廉等是从"以形成性评价促进学生学习"的实证研究中，得出多进行形成性评价可以提高学生成绩的结论。他们所研究的课

---

[1]刘辉.促进学习的课堂评价结果处理研究[D].华东师范大学博士学位论文，2010.

堂评价，除了课堂时间内进行的评价，如提问、课堂反馈等，还包括书面作业评价等对课堂教学内容进行评价的评价方式。

除此以外，有的学者认为："教学评价就是通过各种测量，系统地收集证据，从而对学生通过教学发生的行为变化予以确定。"有的学者认为："教学评价，就是所有参与教学的人，利用一切可行的方法和手段，按照一定的教学目的和教学计划，对教学质量进行的测量、分析、比较和评定。"有的学者认为："教学评价是指收集教育系统各方面信息并依据一定的客观标准对教学及其效果做出客观衡量的科学判断过程。"还有的学者认为："教学评价就是根据教学目标及其相关标准，对教学活动进行系统调查，确定其价值和缺点，进行调整的过程。"以上对教学评价含义的表述虽然各有差异，但在本质上又有共同点，因此，教学评价的含义可以概括出几个要点，以此来对教学评价做一理解：第一，教学评价从本质上讲是对教学活动及其效果的价值判断；第二，教学评价与教学目标和任务是密不可分的；第三，教学评价的构成要素是有评价主体、客体及其他要素；第四，教学评价是以对教学事实信息把握为前提的。[1]

那么课堂评价到底是什么？我们可以做如下总结：课堂评价通常是作为与外部大规模考试相对的概念使用的。从理论的角度来说，这两种评价形式都有促进学习的功能。虽然课堂评价在实践中常常扮演着总结性评价的功能，但鉴于课堂评价与教学的密切关系，研究者通常对课堂评价的形成性功能寄予厚望。课堂评价通常泛指所有收集有关学生学习情况的信息，并为改进教师的教学和促进学生的学习提供反馈的活动。在具体形式上，课堂评价包括课堂问答、课堂测验、课堂观察、课后练习和作业以及与学生的谈话等。虽然课堂评价的内容并不仅局限于

[1]刘佩佩.新课程下教师课堂评价行为研究[D].西南大学硕士学位论文，2011.

认知或情感领域，但有时出于实际条件的限制，将课堂评价内容限定在某个具体领域内。在研究中，课堂评价是指课堂测验和练习课后作业以及课堂教学情境中的师生问答，课堂评价的内容局限在学生认知领域的学业成就。需要指出的是，"课堂评价"有时也被称之为"课堂评估"、"教学评量"、"教室评量"或者"班级评量"，都是源于对"classroom assessment"的不同翻译。

课堂评价任务和传统的考试在内涵上是一致的，只是在外延上有所拓宽。考试是相对于传统的纸笔测验来说的，而课堂评价任务除了以试题的形式出现，还包括了其他形式，比如教学情境中的师生问答就超出了试题的形式。我们在这里借用Osterllnier(1998)对试题的经典定义来间接地说明课堂评价任务的内涵：在教育和心理属性测试中，试题是一个测量单元，它具有刺激情境和对应答形式的规定，它的目的是要获得被试的应答，并根据应答对考生的某些心理建构方面的表现(如知识、能力等)进行推测。这一定义说明了试题必须包含的三个基本要素：对要评价的心理建构的界定、任务的刺激情境以及对应答的规定。事实上，在教师的课堂教学中，教学任务和评价任务的边界是模糊的，这里需要说明的是，只要符合上面的三个要素，都作为课堂评价任务来处理。

二、课堂评价的重要性

我国当前正在进行的基础教育课程改革呼吁发展性评价体系的构建。《基础教育课程改革纲要(试行)》中明确提出，要"改变课程评价过分强调甄别与选拔的功能，发挥评价促进学生发展、教师提高和改进教学实践的功能"。构建发展性的评价体系，要求"发挥评价的教育功能，促进学生在原有水平上的发展"。随着评价改革的深入，人们对课堂评价重要性的认识也日益增强。

在学生发展需要中，学生学业成就的发展是重要的组成部分，对学业成就评

基本功之十一　课堂评价的艺术

价的革新也就成为了教育改革的一个核心特征。其中，课堂评价作为教师日常教学活动的基本环节，是整个学业成就评价体系中的重要组成部分。

课堂评价是教师日常教学中的重要组成部分。据美国教育评价专家斯蒂金斯的研究，教师要花费三分之一至一半的专业时间用于与评价相关的活动。[1]同时，课堂评价作为课程评价的重要组成部分，其实施的程度直接影响到教育教学的发展。有效的课堂评价能够激发学生的学习动机，引导学生学习的方向，提高学生的学习兴趣，肯定学生的努力，促进学生知识和技能的掌握，有利于学生能力的发展；低效或无效的课堂评价会对学生产生消极影响，可能致使学生学习情绪低落、学习态度转变，甚至影响学生身心健康发展。因此，课堂评价直接影响着学生三维目标的达成。由此可见，课堂评价的重要性不言而喻。

三、课堂评价的分类[2]

(一)按评价方式分

教师的评价主要通过言语和非言语的方式向学生传递赞许或否定的信息，而学生则通过心理体验来接受教师的评价，进而调整自己的行为方式。

1.言语性课堂评价

言语性课堂评价是指教师通过自己的话语对学生的行为、表现等进行评价时所使用的语言，它在教师的课堂评价中占有绝大部分。在用言语形式对学生评价时应做到：

(1)用丰富的评价语。如果学生的表现很好时，教师只用"好"或"不错"来评价，学生会感受不深刻，积极性的调动不强烈。教师应关注学生的需要和情境的性质，做出适当的表扬，并使表扬产生真正的激励作用。例如，教师可以说"能想到

[1]豆雨松.教师课堂评价任务设计和使用研究[D].华东师范大学硕士学位论文，2011.
[2]张虹.提高课堂评价语言有效性的研究[D].华东师范大学硕士学位论文,2006.

这些真不简单"、"你的思维很好"、"我们都为你感到骄傲"等。事实上，教师可以用丰富的语言来表达自己的态度和情感。

(2)用肯定性词语代替否定性词语。得到肯定可以让优点发扬，而受到否定则会使学生谨慎小心，甚至无所适从，打击孩子学习的积极性。学生产生害怕或紧张情绪时，教师用"勇敢些"、"大胆些"就比"别害怕"、"别紧张"更带有激励作用。用"你再努力些，效果会更好"、"我希望你能做得更好"比用"你进步不快"、"你让我失望了"等更能使学生积极主动地参与学习活动。

2.非言语性课堂评价

非言语性的课堂评价主要是通过表情、声调、肢体动作等方式来表达的，在评价时也具有独特的魅力。非言语性课堂评价主要包括：

(1)辅助性言语。它包括语气、语调等。同一个词语，语调不同，它表达的含义可能就不一样。如"加油"两个字，如果语气生硬，就有不信任的成分；如果语气亲切，则是一种鼓励。

(2)动作行为。即通过肢体动作来表示自己的态度或情感。教师应经常走近学生，拍拍肩，摸摸头，表示无声的支持或赞扬，或是对学生给予微笑的肯定。

(3)目光接触。教师可以通过眼神来与学生交流友好、亲切等，让学生感受到老师正在关注他们。

(二)按评价内容分

新课改背景下，学校教育既是"全体发展"的教育，又是"全面发展"的教育；既要普遍提高每个学生的素质，又要使每个学生协调发展。因此对学生的评价，不仅要关注学业成绩，而且要关注学生的心理素质和情感体验，尊重个体差异，注重对个体发展独特性的认可，给予积极评价，发挥学生多方面的潜能，帮助学生拥有自信。所以，课堂评价也就可以分为知识课堂评价、能力课堂评价和情感态度课堂评价三种。

(三)按表达形式分

课上教师对学生的口头评价按表达形式可分为两种，一种是直接评价，另一种是间接评价，因此课堂评价也就可以分为直接性课堂评价和间接性课堂评价。直接性课堂评价是指教师对学生的行为表现等现场直接做出或赞赏或批评的课堂评价，学生能明确知道教师的态度情感；而间接性课堂评价则是指教师对学生的行为表现等不做出明显的肯定或否定的评价。教学时，应根据具体的学习内容来确定。一般情况下，运用直接评价和间接评价相结合的方式来激励学生效果比较明显。例如，当学生的回答富有个性，确实非常精彩，老师发自内心的赞赏时，可以用"你的回答真的很出色"或"非常好"等直接性评价，但是，如果学生普遍能回答的问题，学生按常规思路作了解释，一般可以运用间接评价的方式来评价学生。

(四)按效能程度分

课堂评价按效能程度分，可以分为正效应课堂评价、负效应课堂评价和零效应课堂评价。如果课堂评价给被评价者即学生带来正面效应，起到了积极的作用，便认为课堂评价发挥了正效应；相反，如果课堂评价没有给学生带来正面积极的作用，反而产生了消极负作用，那么课堂评价就是负效应；如果课堂评价对学生没有发挥任何作用，就说课堂评价是零效应，评价就等于没评价。

课堂教学中，课堂评价、评价行为贯穿于整个教学过程。教师在课堂上要灵活、恰当地运用各种课堂评价，切实提高课堂评价的水准和品位，增强对学生的人文关怀，以培养创新精神，全面提高学生的能力与素养。

四、新课程改革对课堂评价的新要求

新课程改革提倡促进学生发展的课堂评价，重视和加强课堂评价的诊断、导向、激励、教学等功能，把课堂教学的重心从教师完成教学任务转移到促进学生的发展上来。其评价理念也出现如下新的变化。[1]

（一）不同课堂评价取向的整合

在课堂评价中，单纯地为了达到目的而进行评价或为了达到过程发展而进行的评价都是不完美的。为了目的的评价取向更重视的是评价结果的有效性，忽视评价过程当中人的发展和人的主体性；而为了过程的评价虽然重视了在评价过程中人的个性和主体的发展，但没有了目标的牵引而容易导致评价失去主体方向。因此两种取向如何结合与发展也成为现代课堂教学评价发展的趋向。

1. 过程取向的形成性评价的发展

形成性评价一般发生在学习任务之前或学生学习进程中进行，而不是仅仅发生在学习一个单元的结束，是一种过程取向的评价方式，现今课堂评价行为所倡导的是具有很强发展性的评价方式。在这种评价过程中，教师需要了解学生的学习需要，而且更重要的是对学生的活动给予一定的反馈，并给予学生机会使其优点进一步提高，对其劣处给予改正并使之进步。因此，过程取向的教师课堂评价强调评价者与具体评价情境的交互作用，主张凡是有教育价值的结果，不论是否与预定目标相符合，都应受到评价的支持与肯定，教师在对学生信息收集后作一个评估报告，为学生的成长提供一个可行的改进计划或培养方案。

2. 目的取向的终结性评价及其与形成性评价的整合

终结性评价主要强调的是预定教学目标的达成程度。纸笔测试为评价学生的重要手段。"分分分，学生的命根"一度成为学生学习的努力方向，学生的个性和其他能力得不到发展，因此终结性评价遭到人们的强烈批判。事物都具有两面性，

[1]刘佩佩.新课程下教师课堂评价行为研究[D].西南大学硕士学位论文，2011.

基本功之十一 课堂评价的艺术

虽然终结性评价有不利的一面，但也有有利的一面，它为学生明确提供在不同阶段的发展方向。因此"淡化结果，重视过程；淡化分数，重视能力；淡化千篇一律，重视个性发展"成为新课程改革中教师课堂评价发展趋向，当然在实施过程中是极具难度的，需要过渡。"淡化"并不意味着"消除"，它只是"减弱"或将其"转化"。因为不管做任何一种课堂评价都有其目的性，但如何达到这种结果又不至于损害学生主体性、个性的成长与发展便成为课堂评价的难点。随着课程改革的不断发展，我国不同地区的专家学者以国内外课堂评价发展的理论为基础，通过各种实地实践发现，在日常教学中，教师可以采用形成性评价来提高学生各种能力的发展，而阶段性的、多样性的、适当的、为了达到教学目标的测验可以适当加入课堂教学评价中，这样既完成一定的教学目标，又在一定程度上发展了学生的各种能力。

因此两种取向恰当地结合也成为国内外教师、专家、学者等所青睐的一个研究方向。

(二)课堂评价主体和内容的灵活多变

曾经的课堂评价中，教师作为评价的主要实施者，具有一定的权威性，教师的一句话甚至可以对一个学生"定性"，造成课堂中教师"一言堂"的局面；对于评价的内容更显得单一，主要是针对学生学习成绩的甄别，无形中，教育似乎成为一个筛选好坏种子的工具。随着社会的发展，教师课堂评价也发生着不同的变化，不少教育家、教师等在此方面做出了许多贡献，教师课堂评价行为也变得鲜活起来，评价主体和评价内容也越来越多样化。

1.课堂评价主体的多元化

评价行为主体的多元化主要是改变课堂评价中教师"一统天下"的局面，让被评价者逐步转向主动参与评价。在评价过程中，被评价者既是评价的客体，需要认真听取他人的意见，同时被评价者也是评价的主体，以评价主体的身份参与讨论，对自己进行自我反思、自我评价、自我提高。因此评价主体主要包含自评和他评。自评主要是评价者对自我的认识、分析和提高；他评主要是他人对被评价者的看法、意见或建议，例如，师生间的评价、同辈间的评价、家长的评价或其他外界人员的评价等。在这些评价过程中，更强调的是主体的双向选择、沟通和协商。

2. 课堂评价内容的多元化

评价内容的多元化主要是指课堂评价行为中不仅要关注学生学业成绩，同时也要关注学生个体在其他方面的发展，如学生发现问题、分析问题、解决问题的能力，创新能力，对人生的态度等。虽然基础知识的测验是必要的也是重要的，但不是唯一的。随着教育学、心理学的深入发展，人们逐渐认识到知识不再是放之四海而皆准的客观的东西，具有一定的主观性；而学生的学习过程并不是被动的，而是学习者与一定的外界之间的互动建构自己的知识结构、思维方式。因此，学习者需要将知识转化为一种能力，而这种转化的过程就需要学习者情感、态度、方法的参与和不断的提升。所以，在教师课堂评价行为中更强调对学生评价内容的多元发展。正如三维目标所说，知识与技能，过程与方法，情感态度与价值观，三者是不可分割的，知识与技能是基础，过程与方法是手段，情感态度与价值观是动力。

(三)课堂评价方式的多样化

以学生为本的课堂评价必然会面对人的丰富性与多样性，那么，教师对学生的评价方式的设计也应是灵活多变的，而不能局限于单一的、僵硬的、固有的一种方式。评价更应该体现教师和学生的价值追求，注重个体要求、感知能力、兴趣

基本功之十一 课堂评价的艺术

发展、学习过程，它是内在的、参与性的，引导个体更好地享有现实机遇，获得个性发展。

评价方式的多样化即是不单纯采用标准化测验，而是采用多种途径，在非结构化的情境中评价学生的学习结果的方式方法，旨在促进学生个体的进步和各方面潜能的发展，了解学生发展的需求，帮助学生认识自我、建立自信，主要是另类评价。另类评价是指由各种不同于传统标准化测验的手段来获得学生学习表现的所有方法与技术，如直接评价、操作评价、真实性评价、档案袋评价、动态评价等，这些评价多以观察、记录、让学生完成作品或任务、团体合作计划、实验、表演、展示、口头演说、检核表等方法进行的。在这些评价中，更多的突出了学生发展的生动活泼和丰富性、学生的特点、学生的努力和进步，更深入、全面、真实再现评价对象的特点和发展趋势，也成为近30多年来各国课程改革倡导的方法。当然，这种评价操作起来难度是很大的，如操作不当，不仅达不到效果，而且会"劳民伤财"，师生精力浪费，所以只是提倡，需要教师有这样的理念，便于随时实施。

课堂评价的方式增多了，教师在课堂评价中就不能只局限于某种固定的方式，应在不同的教学情境中，根据现时所发生的事件而灵活选用不同的评价方法。这就需要教师在平时夯实自己的理论功底，了解并知道课堂评价的重要性，学习课堂评价的相关知识，为学生积极发展打造良好的外部环境。用不同的方式去衡量同一人和事往往会得出不同的结果，甚至天壤之别，如得到教师喜欢的学生犯错误老师可以原谅，而教师不喜欢的学生犯错误则会被教师扩大化，加以批评指责，使学生从没踏入社会就开始遭遇不公平，这会给学生的身心带来极大的伤害；而不同方式之间，并没有高低的差别，仅仅只是角度不同而已。因此除了纸笔测验评价外，评价还可以包括学生平时的课堂行为记录、项目调查、书面报告、作业、教师观察等行为方法。在评价过程中，要在真实的场景中评价学生解决实际问题的能力，把静态的评价转变为连续的动态评价。如某学生的成绩虽然不好，但是他积极完成作业、尊敬师长，老师就应该给其积极的评价之后，然后适当指导，使其用正确的方法以提高成绩；又如某生学习很好，但是很自私，不尊敬师长，不与同学合作，老师也应该在给其积极的评价之后，给予适当的道德指导，使其不至于道德缺失。

(四)注重学生自身发展与师生互动

1.评价突出学生的个性发展，促进学生个体成长

学生作为一个独立的人，有着不同的个性，因此，课堂评价也不可能千篇一律。针对不同程度、不同差异的学生课堂评价应作出不同的反馈，以促进学生个性的发展。教师应相信学生具有一种维持自我生长、生存和提高的能力，在评价过程中尽可能充分发展学生的自我潜能，力争引导学生超过自己现有水平的"实现倾向"。因此，在对学生的评价过程中，教师最好在差异中寻找尊重学生的因素、激励学生，尽可能地调动全班同学参与学习活动的积极性。这就需要老师有很好的洞察力，有时甚至是需要"读心术"，争取找到学生的闪光点，并使其发扬光大，进而使学生全面进步，切不可因一念之差对学生不耐烦，而伤害其积极性。

2.评价应从多种角度、多种层次发现和建立学生的智力迁移

因为人是具有差异性的，不同的学生在不同的领域都会有自己的优势发展，有的学生在演讲方面可能很有天赋，有的学生可能很有乐感，甚至有的学生很有运动细胞等，这都属于学生的智力优势方面。因而作为教师就要在教育教学过程中发现学生的智力优势领域，同时与其智力弱势领域相联系，发现两者之间的相应的联系。教师在课堂评价中，建立多元化的情境，从不同角度、层次上引导学生

有意识地将其从事优势领域活动所表现出来的智力特点和意志品质迁移到弱势领域中去。

3. 强调动态持续评价，增强师生间的互动性

无论是人还是事物的发展与变化并不是一成不变的，在不同的时期会出现不同的发展特点，而且在相同的阶段也会出现不同的变化。因此，教师在对学生评价时要特别注意学生的"发展性"，即学生各个阶段的发展特点。而所谓的动态持续的评价主要有两层含义：一是跨越多个时间点观察评定学生的进步与改变情形，了解学生动态认知历程与认知能力变化的特点和潜能；二是评价者与被评价者之间产生大量的互动，强调评价与教学结合，实施个体化的诊断评价与教学补救。对于教育评价主要是从第二层含义进行阐述，强调学习者与评定者的互动。里兹为了考查学习者与评定者之间的互动是否能够提高学生的高级心理功能的水平，设计了一个"中介学习经验评定量表"，其中包含了12个维度，分别为目的、意义、超越、任务管理、鼓励、心理区分性、挑战、改变、情感投入、随时反应、全面关注、分享。因此，教师在组织能够提高师生间互动的评价行为时，在设计上就要从以上几个维度来考虑，以增强师生间的互动性。

总之，新课程标准更重视学生的发展，淡化了课堂评价甄别与选拔的功能；重视对学生的综合评价，尤其是关注学生个体差异；注重学生发展的过程性、学习个体的全面性；强调质性评价与量化评价相结合，强调师生、生生间的参与与互动，充分发掘学生身上蕴藏的丰富的发展潜能。积极心理学研究表明，人都有向着美好事物发展的趋势，每一个学生都是一个天使，都有其可爱的一面、可塑的地方，教师要积极评价，促进每一个学生的全面发展。

基本功之十二 教材整合的能力

教材是什么？教材是教师实施教学活动和学生进行学习活动的基本文本。教材是教学内容的资源，在疾呼有效教学的今天，作为一线教师更应该关注教材在课堂教学设计中的示范引领作用，加强对教材文本的欣赏与解读，充分认识和理解教材在编写设计上所折射出的教育思想、课程理念，从而指导我们进行有效的课堂教学设计。

新课程提倡带着学生走进教材而不是带着教材走进学生，用教材教而不是教教材。教教材就容易把教材上的知识教成死知识，不利于学生的发展，而用教材教，教材只是一个参考，教师可以对教材进行整合，从学生的知识基础、认知发展能力等方面出发，将知识灵活展现，更有助于培养学生的科学素养。

一、教材整合的必要性

（一）教材整合是教学艺术的闪光点[1]

教材是教师和学生进行教学活动的蓝本。千百年来，人们从教材中获得"营养"，受益匪浅，但同时也为它所困、为它所累。每当学生对老师的教学不满意时，听到的多是"照本宣科"、"满堂灌"等；而老师抱怨一些思维不敏捷、学习成绩差

---

[1]吕志珠. 谈教材整合与教法创新[J]. 教育与职业，2002(07).

的学生时总是说"死读书、读死书"。其实他们都犯了同样一个错误，那就是"唯教材是从"，做了教材的"奴隶"。在这一点上我们应该向演艺界学习。一台成功的演出离不开好的剧本，但优秀的导演和演员既能正确把握剧本又不拘泥于剧本，因为剧本是死的，人是活的。只有那些善于把握剧本又不拘泥于剧本的导演和演员才能使演出活龙活现、熠熠生辉，获得满堂喝彩。教学也是一门艺术，教学活动就是一场由教师当导演、学生当演员的"演出"。因此，我们应该在把握教材的基础上用活教材，甚至超越教材，赋予教材新的生命力。

（二）教材整合是用好教材的必然体现

教学过程中，教材种类繁多，但都并非完美的教材，都存在这样那样的不足，如何用好这些教材是摆在广大一线教师面前的问题。首先，用好教材应形成连续性。小学是打好基础的时候，但也避免不了有遗忘的时候，初中的老师就应该对于小学的基础知识有所涉猎，不要使学生的认知出现断层，同样，高中的老师对初中的知识也要了解，这样既可以更好地分析学生，也可以使学生的知识连贯，了解了学生的基础，才能更好地创设学习情境。其次，用好教材还应体现前瞻性和扩展性。我们要做到使相互隔离的变成相互贯通，相互重叠的变成相互补充，相互矛盾的变成相辅相成，学生学习起来就会轻松得多，学习积极性也会高得多。中国有句古话："活到老学到老，到死三宗没学到。"也就是知识和技术要想在学校都学好学完，是不可能的，应对这种情况，新课程才提出了培养学生终身学习的能力和愿望，所以我们要教会学生学习的方法。教教材，就要把教材当成一个参考，在教学过程中多设计探究，利用教材中有的内容创设情境，深入分析教材中的内容，将其放到适当的情境中，如在教学生"2(a+b)"时，可以让学生自己用边长为a和b的积木摆成长方形，这样既可以使学生体会其中的数学思想，还可以引导学生有意识地领悟知识的形成过程，对于公式的理解也不用死记硬背了。

（三）教材整合是新课程改革的必然要求

高中新课程改革顺应了新世纪教学改革的发展趋势，出发点是大面积提升教学质量，但同时也给教师和学生带来了新的挑战。在应试教育的大背景下，很多学校不理解新课程，不体会新课程，总是抱怨这个难实施，那个难改革，还是教师教，学生学，对于新课程实施较好的地区则找各种理由，或是不屑，或是说生源不好，或是说师资不好等，总之是被动改革。其实，只要认真研读新课程教材，新课程理念与考试其实并不冲突，只是对老师的要求更高了而已。作为教师，我们应该积极应变，既然想培养学生的终身学习能力，老师更应该努力学习改变来适应新课程。

同时，新课程强调，基础教育要满足每个学生终身发展的需要，培养学生终身学习的愿望和能力。课程内容是为学生的发展服务的，由于我国现在实行的是一标多本制，所以教材已不是唯一的课程资源，它更不能等同于课程本身，它只是我们教师教学和学生学习的基本素材，"用教材教但不能教教材"也是新课改给我们提出的 个新要求。因此，如何更好地用教材，如何更好地整合教材，便成为每个一线教师面临的问题。正式出版发行的教材聚集了许多专家的智慧和实践经验，具有许多明显的优势，许多地方是不可更改和替代的，但有些教材内容可能隐藏了一些缺憾，包括知识编排的顺序层次、难易程度等，甚至有时候不符合不同地区教师的教学风格，不适合不同学生的学习实际。因此，多方借鉴、取长补短、优化组合应当是我们整合教材、提高教学质量的一大捷径。

二、教材整合的原则

原则的确立是教材整合的前提，结合已有的教材整合经验，在系统整合前，我们确立了如下几条原则：

(一)取长补短原则

以新课标理念为指导，参考各个版本的教材，从学科的角度出发，取长补短、博采众长，也可以从宏观整体的角度俯视、整合甚至重组、改编教材，在编写每一章、每一节、每一课时，我们都将各种教材和相应的资料摆放在面前，仔细比较，详细论证，该取的取，该舍的舍，该重组的重组，力争达到科学、合理、优化。

(二)迁移延伸原则

遍览现行的各种教材，普遍存在的问题是初中与小学脱节，初中与高中脱节。编写者们大多不了解各个学段的学习基础，有时都按自己教学研究相关知识的经验去编教材，或只是局限在本学科，这样就有可能造成学段脱节，或是学科脱节，如小学数学的角的分类、大小比较，直线、射线与线段的定义特点比较，平均数、中位数、正数负数的意义数轴等，大都渗透比较深，甚至已学得比较好，但大多数现行初中教材都没顾及到这一点，仍然将这部分内容按新知识呈现给学生，这使学生们往往觉得初中数学知识不过如此，初中数学老师的水平也不过如此，从而没有了新鲜感，没有了好奇心，也就降低了学习兴趣。所以教师在进行教材整合时，不仅要关注要教的教材，更要把握全局。

(三)全员参与原则

我们整编教材时必须遵守的一个重要原则是全员参与的原则。以数学学科为例，"人人学有价值的数学，人人都能获得必需的数学，不同的人在数学上得到不同的发展，数学教育面向全体学生"是《数学课程标准》的纲领性理念，我们在整合的材料中几乎每节都有几个问题引导学生自主探索合作交流，以使学生全员参与，共同提高。对于教材的整合，不仅要注意知识与技能的传递，更要注重过程与方法的渗透，情感态度与价值观的培养，在心中存有教育理念，才能时刻关注学生的发展，一切从学生出发。

（四）整体系统原则

同样以数学学科为例，数学是一个有机的整体，其知识的系统性是一个重要特点。因此，整合时必须遵循整体系统性原则。在整合时，每个学段各章节内容我们都分回顾与复习、探索与研究、小结与应用三部分进行学习，以使每节每章的知识系统、深化、完整，而每学完立体几何、概率、统计等相对独立的一个内容后均设置阶段性复习与总结环节，以使每个小知识点融入到更大的知识结构中。

（五）螺旋上升原则

整合后的材料打破了各教材版本各类知识穿插安排的格局，每个学段学习内容采用模块式结构，使不同类别的知识相对独立，各知识模块的学习采取由简到繁、由易到难螺旋上升的方式进行。当然，我们不能否定教材的合理性，不能一味地带着批判的眼光去使用教材，教材中蕴含着很多学科的内涵，需要我们从多方面去挖掘。

（六）科学性原则

整合的材料必须强调学科的科学性，如对定义、定理、法则等概念性知识都进行了科学的归纳，并强调通性通法的学习，注重方法性、规律性。

（七）时代性原则

整合时我们依据学生的年龄特征与心理特点，强调选材的时代性、过程的新颖性、结论的新颖性等，让学生跟上时代的脚步，紧跟社会发展，打开视野。

三、教材整合的策略

（一）把握学科体系

学科体系是一个很庞大的概念，说起来容易，但总结起来很难。有的知识貌似很简单，但是学生却不能很好地把握与理解，如果从学科的角度出发，整合教材，不仅教师的教会轻松，学生的学也会变得有意义。所以，我们应积极努力，不仅要求学生学习，教师更应学习，跟上时代的脚步，为了学生的良好发展而努力。教材的编写影响因素有很多，但经过几番改革，教材的编写既注重学科体系，还注重学生发展，所以在整合教材时要多注意从学科角度出发。如进行小数的运算教学时，可以组织学生参与"我来开超市活动"，让一部分学生"进货"，一部分学生"购物"，当然价格都是小数，这样一个具体的情境，学生不仅学会了知识，还学会了方法，成绩自然不会差，而且还达到了更多的目的。

(二)建立知识网

在了解学科体系的基础上，依据课程标准对知识的基本要求，对所要教的教材及其相关材料(例如，你要教的是小学一年级数学，你要知道要培养学生怎样的数学思想，学习的知识要掌握到什么程度，相关的知识在后续的教学中有什么应用或关联)进行整合，这样才能真正从学生出发，学生学起来既轻松，又有效。虽然有的教师认为，我知道知识体系，不看课程标准也可建立知识网。这种看法是片面的，知识网的建立是为了学生更好地学，如果你站在一个更高的高度去引领学生自主建立知识网络，那样学生就对整个学习内容有整体的把握，这与随意建立一个所谓的知识网所达到的学生被迫学习的效果是不一样的。

(三)建立基本技能体系

组织骨干教师形成研究团队，认识学科基本技能在教与学中的关键作用，再读课标，建立起学科的基本技能体系。经历了全面、深入的研究和把握学科体系的过程之后，教师的学科功底会明显增强，教师在备课时就容易抓住学科主线，围绕主线，对教材的内容进行整合，进而就可以突出教学重点；同时给学生留出足够的思考空间，让学生体验新课改带来学会知识、获得技能的过程。现在，教师们普遍认识到，对教材进行有效整合是教师的一项基本功。教材是最基本、最重要的课程资源，但它不可能承载课程的全部内容，因而不是课程的唯一依据；教师要有对课程资源进行选择、组织、加工、拓展、开发、利用的意识，是"用教材教"，而不是"教教材"。

(四)总结具体的教材整合方法

在实践中，教师主要从纵向和横向两个维度进行教材整合。

1.纵向整合[1]

以学科内部纵向整合为主，突出学科思想，用方法统领教与学。在教材整合的探索中，教师们发现了学科基本技能在教与学中的特殊作用，提出了"构建基本技能体系，打通能力培养路径"的思路。首先，要充分认识技能在掌握知识和形成能力过程中的桥梁作用；其次，要摸索技能培养的方法，让技能从教师教学的"武器"变成学生学习的工具，并能够让学生学会迁移应用，最终让学生获得学科综合能力，同时发展自主学习能力。

2.横向整合

以不同版本教材间的整合及跨学科的教材整合为主。其一，不同版本教材之间的整合。不同教材在知识容量和呈现方式上，甚至包括概念的界定上都不一样。同一知识内容在两个版本中的难易程度也不同，教师在参照不同版本教材的基础上，对比分析哪个版本更符合新课标的要求，同时借鉴两种教材的思路，设计出课堂上的"好问题"。参考不同版本的教材，要能够从学科的目标体系、知识技能体系去整体把握。不同版本间教材的整合应明确：(1)知识内容上取其"交集"，找准学科最基础的知识和技能。(2)思想方法上取其"并集"，打开思路，寻找更适合

---

[1]钟毅．教材整合与教法如何有效[J].中小学管理，2009(10).

基本功之十二　教材整合的能力

培养学生能力的方式方法。其二，学科之间的教材整合。如生物学科与化学、物理学科之间可进行有效整合。如介绍水在生物体内的作用时，可从化学角度对水分子的特性进行分析。学科间进行教材整合的效果使学生能将其他学科的知识很自然地迁移到正在学习的那一学科上来。

四、教材整合中应注意的问题

一堂课的成败不仅仅会体现一个老师的自身素质，更重要的是能体现这个老师的教学理念和对教材的理解及灵活运用程度。为此，教材整合实际是对老师更新教学理念和培养创新能力的充分体现，如果教师进行合理的教材整合，设计适合学生和贴切生活的场景，就需要充分的课后准备和查阅大量的资料，同时要设置合理的教学程序和学生容易接受的教学方法，这无疑是对老师教学创新能力的最好检验。教师之所以对教材进行整合，是因为教材在内容、难易度等方面可能不适合自己的学生，或者有些教材中隐含的学科思想需要整合的过程才会在教师那里体现。因此，教师在整合教材时，一定要对自己学生的知识、技能、个性特征等方面有全面准确的了解，要有的放矢，否则就会事倍功半。在新课程理念下对教材整合应该注意以下问题：

（一）以课标为纲，以教材为源[1]

课程标准对教什么、怎么教、教到何种程度等有明确的要求（当然，课程标准是最基本的要求，是大众的要求，可以根据学生适当调整）。它是教师教学的主要依据，即以任务型教学为途径，形成性和终结性评价并重，通过教学过程培养学生学习兴趣、知识综合运用能力和创新能力，这些是教师在整合教材时应该牢记的内容。同时以教材为源，教材是教师教学的资源，虽然它不是唯一的资源，但也应该是主要的资源。教师对教材的整合要依据教材的主干思路和体系进行，不能

---

[1]陈长安. 新课程理念下的教材整合和思考[J]. 中学生英语，2011(12).

随意切割和破坏这些体系，否则，就可能出现"只见树木不见森林"的状况。把握好教材的重难点，准确确定教材要实现的功能，适当地整合，切勿盲目地套用与教材重难点无关的课外资源。

（二）以教师为主，以学生为本

在教材整合中，教师起主导作用。教师要勤学习，多实践，多交流，发挥团队作用。教材整合是教师将共性的东西个性化的过程，这一过程充满了探索和创造，融入了教师个人的气质、知识涵养和能力、特长，通过教师加工的教材才会有血有肉，才会体现教师的教学智慧，才会赢得学生的心。教的归宿和落脚点是学生的学，教师要始终把学生放在心里，及时掌握和了解学生的学习水平、情感状态、学习策略和兴趣差异等；要最大限度地满足不同学生的需求，做到以学生为本。教师有时候也可邀请学生参与教材整合，因为有些同学在某些领域的知识可能超过老师，让学生参与到教学内容和教学活动的设计中会极大地调动学生的学习积极性，融洽师生感情，有利于教学效果的提高。教学的任务已经很重，整合教学内容后，要注意不要增加了学生的学习负担，补充有关内容时要敢于大胆取舍。

（三）整合注意细节，做好课内的调整

根据不同的班级、不同的学生、不同的课堂表现，我们应该做好教师头脑内的二次备课，学生二次过关。教材整合不能局限在备课中，更应立足于学生的知识现状，及时获取学生掌握知识的情况，做好课堂上的取舍和调整。如在试卷讲评课中，如通过分析发现了学生的易错点，就应准备类似的题目让学生进行查漏补缺的巩固练习，让学生举一反三，达到灵活运用的程度。值得注意的是，教材整合应因人而异、因时而异、因地而异。教师在教学过程中，应从学生的实际情况出发用教材、创新教材，为学生创设良好的探究学习的情境，更好地促进学生的发展。

（四）少而精地选材

有人认为单位时间内讲授的知识量越大教学质量越高，因此，备课取材时宁多勿少，这本书上摘一句，那本书上抄一点，课堂上滔滔不绝、口若悬河。结果教学效果并不好，教师讲的多，学生接受的少。学生是具有能动性的活生生的人，学习知识要经过大脑的思考。"少则得，多则惑"，选材要少而精。精，是知识的精髓和精华。教师只有认真钻研教材，达到对教材深刻理解、融会贯通，才能摆脱就书论书的表面备课，从而居高临下、讲授自如。

精选内容，要选属于三基方面和利于开发智力、培养能力的内容。一般来说，基本内容包括基本概念、基本理论、基本分析方法和基本工作原理等，要有属于触类旁通、举一反三的内容，都可以让学生自学。现在科学技术日新月异，学生毕业后要不断学习新东西，教师要有意识地培养学生的自学能力，教学不但授学生以鱼，还要授之以"渔"。

（五）确定重点和难点

每本书都有独立的体系，编者有编者的思路，教者有教者的见解。精选内容后要确定重点和难点。全书有重点章，每章有重点节，每节有重点课，每课有重点内容。确定重点很重要，重点是教材中举足轻重、关键性的最基本的内容，是学习新知识的前提和关键所在，如基本概念和基本原理。难点则是指学生较难理解或接受的内容，如理论上抽象、深奥或理解时容易引起混淆和误解的内容。教材中的重点不一定是难点，难点也不一定是重点，但有时重点和难点合二而一。确定重点和难点，即一堂课要解决什么问题，还要明确解决到什么程度，这就是教学要求。整合教材时一定要心中有数，否则教师昏昏，要使学生昭昭，这是不可能的。一堂课的目标不要太多，要求不要过高，制定合适的教学要求，才能保证圆满完成教学任务。

（六）制定启发性的教学方案

学习是一种主动性的认识活动，只有自己主动思考，把教师讲的知识经过大脑处理，即大脑皮层受刺激后引起的感受、思考、解释和记忆的过程，这一过程表现为学生对知识懂，然后不懂，为什么，反反复复，最后把知识学到手，这样学到的知识才是扎实的、灵活的、深刻的。课堂教学是教师和学生共同参与的双边活动，教学的高质量是教师的积极性和学生的积极性的统一，也就是教师主导作用和学生主体作用的优化组合。教师在课堂上抓住学生的注意力，引起学习兴趣，提出疑问，启发思考，让学生自己去探索、推理、假设、发现，才能最大限度地调动学生认识的主动性和积极性。启发式教学的核心就是启发学生学习的能动性，使学生不是被动地学，而是主动地学。思维活动是从问题开始的，由有疑而产生的，人们用已有的知识和方法对问题无能为力，需要想出新的解决办法时就产生了思维。教师要用一些有一定难度和一定分量的问题去激发学生，开启思维的大门，提出一个个问题，激发一个个矛盾，把学生带入一个个引人入胜、欲罢不能的情境中，从而达到最佳思维状态，获得最好的教学效果。所以，制定启发式的教学方案显得格外重要。教学中概念怎样建立、怎样展开，难点怎样分散，整个教学过程要一气呵成，从问题提出、分析到解决，要思路清晰，思维严谨，逻辑性强。要用自己的语言深入浅出地把问题的来龙去脉交代清楚，重过程、重分析、重联系，不要把问题孤立开来，要抓住内容之间的有机联系，明确贯穿于教材始终的主线，并清楚每一堂课内容位于主线的什么环节上。这样才能提纲挈领地把知识穿成串，使学生形成合理的知识网络。

（七）精选习题和例题

整合教材最后一步就是精选例题和习题。例题一定要典型，在方法上、思路上要给学生以启发。有经验的教师经常不采用书上的例题，因为学生只顾看书上的结论，而不注意教师的讲解。课后留作业也不能即兴画两道完事，作业题一般分为三类：一类是帮助理解概念，进行基本训练的，第二类是综合提高性的题，第三类是比较灵活、有一定难度的实际应用性的题，供学习成绩较好的学生选做，以上是选习题的原则。若教科书上的习题能满足更好，不能满足则需教师找题或编题。

教材整合是一项严肃的、工作量很大的艰巨任务，它要求教师具有高度的责任心和使命感。教师要不断学习理论知识，提高专业素养，对本学科的课程性质、教学理念、教学目标、教学内容、教学实施等有深入的了解。在实际操作中，教师重视教材，同时不能轻视课程标准，再好的教材也有不足，况且各地和各学校的情况更是千差万别。所以，作为教师，我们既要研究教材，也要钻研课标，要正确理解、全面落实课程标准的要求；要用教材教，而不能教教材。因此，做好教材的整合，教师应着眼于学生的长远发展，潜心研究，不断实践，才能高效地利用新教材，服务于教学。

同时，教材整合是一项复杂的长期任务，绝不能一劳永逸。有人说上过一轮课以后备课就省劲了，其中有道理的一面是教材熟悉了，没道理的一面是一本教案不能用一辈子。教材整合不是一次性工作，教学要常教常新。讲课要不断变换方法，不但在体系上，还要在内容上翻新。如难点内容的处理就大有潜力可挖，可以从学生认知规律入手，也可以从揭示科学内在规律出发，可以侧重分散难点，设置台阶，还可以由此及彼，借桥过河。有的讲法虽烦琐但浅显易懂，有的讲法虽精练但较为抽象，这都是教师推敲教材的用武之处。另外，随着科学技术的发展，新技术、新工艺、新成果不断涌现，课堂教学应该不断吸收新内容。再者，概念本身也不是一成不变的，随着时代的发展，其形式和内涵也发生变化。

总之，认真整合教材是教学成功的基本保证。当一个教师充满信心走上讲台时，一定会心满意足走下讲台，圆满完成教学任务的。

教法与学法指导方面基本功

基本功之十三　教学方法的应用

　　新课程改革实施以来，我们清楚地认识到，课程改革就是人的改革，课程发展也就是人的发展。但是当前由于教师受到传统教学观念的束缚，课堂教学仍以传统的"师问生答，师讲生练"的模式为主，学习过程表现为"接受—理解—巩固—解题"，教师不敢大胆放手让学生自己探索，就一遍一遍不厌其烦地讲解。这种注入式的教学方法，使学生的智力处于半开放状态，学生无法体验学习过程，学生的创造能力、个性发展、自主意识等受到了很大的遏制。但新课改强调，教师是学生学习的合作者、引导者和参与者，教学过程是师生交往、共同发展的互动过程。

一、何谓教学方法

前苏联教学论认为，教学方法是一种特别复杂的、多方面的教育现象。例如，有些教学方式和方法外部形式看着相同，但内部在本质上却有着很大的区别，这样反映学生的学习认识活动以及对应的教师教授活动的水平和性质也不同。

巴班斯基指出，教学方法的本质特点是它的内容方向性，能反映出教育和教养的目的；这一方向性还反映在教学方法与教学过程组成成分的依存关系中，教学内容起着决定性的作用。正是内容赋予方法，说明其本质的方向性，方法才是内容的运动形式。根据这些就能区别各科教学方法和一般教学论中所涉及的教学方法概念的差异。巴班斯基认为前者是指由学科内容所决定的教学方法的一种特殊化形式，后者是指决定学生在教师的指导下进行学习认识活动的内容和方法之间相互关系的各种规律性联系。两者之间是特殊和一般的关系。

巴班斯基指出，方法首先是运用于一般方法论的广义上，如辩证方法和形而上学的方法。辩证方法是在活动的发展、运动、变化中，在相互联系中，在解决各种矛盾中，通过否定之否定等来研究活动的。形而上学的方法则是片面的，它不顾具体条件、情况与联系，在固定不变的、绝对化的状态中研究活动，因而歪曲了世界的客观图景。所以，只有辩证方法才能成为研究比较具体的方法（如教学方法等）的科学依据。笔者认为教学方法是由学习方式和教学方式运用的协调一致的效果决定的。

二、行为引导型教学方法的应用

探究教学方法是新课程改革所倡导的，在试行之初，教师手中仅有一本教材，没有任何资料，这对于已经习惯在教材上做文章的教师是一种考验，更是一种挑战。面对这种困难，我们不断进行研究，在探究中不断解决问题，即在提出问题、课前探究、课堂实践、课后反思、解决问题中不断推进"行为引导型"教学法。

问题一：如何使课堂"活"起来。

刚开始，教师虽然知道了一些新的理念，但陈旧的思维观念禁锢着他们的头脑和思维，他们跳不出原来的思维定势。所以一进入课堂，还是过多注意书本知识，而不是注重培养学生的能力，使课堂教学机械而程序化。因此，每次教学观摩前应先进行理论学习，不断地交流、商讨，使教师做到三个转变：教师角色的转变，改变以教师为中心的观念；教学方式、学习方式转变，强调合作探究、交流；教学内容转变，提倡变封闭为开放，教学内容要有开放性。这样才能对"行为引导型"教学方法有进一步认识，课堂"活"，表面上是内容活、形式活、情境活，实际上是师生双方的知识活、经验活、能力活、情感活。

问题二："放"与"收"如何把握。

实施"行为引导型"教学方法后，教师更多地反映课堂比以前"乱"了。那怎样做到"动而有序"而不是杂乱无章呢？关键在于教师如何引导课堂教学，引导学生，让其针对问题深入地研究思考。为此，教师课前就应设计好问题。当教师提出问题让学生探讨时，应该把握怎么收放，何时收放，做到收放适度，既放得开又收得拢，对于学生回答的问题应抓住关键，及时给予矫正。

问题三：如何引导学生主动参与。

什么是参与，每个学生都发言就是参与吗？有人说"站起来发言"就是参与，但这只是行为参与的一种。参与的关键要看学生的思维是否活跃，有没有独立思考，跟没跟上老师的思路。那怎么调动学生的思维参与呢？笔者在与教师交流时发现，创造适当的教学情境，巧妙设问，引发学生心理的认识欲望，使学生处在一种"心求同而不得，口欲言而不能"的状态，让他们围绕一个问题展开讨论、质疑、交流，给他们充分表达自己思维的机会，让学生尽可能地说出来。这样，学生参加的积极性就提高了，参与度也会大大提高。

问题四：如何有效利用多媒体等教学手段。

教学中应尽量避免教师投入过多的精力开发一次性课件。应当根据不同课堂的不同特点，对多媒体进行创造性、多样化的使用，真正将多媒体技术与教学融为一个整体，使课堂教学中把多媒体应用与课程内容有机结合起来，提高教学效率，改善教学效果，推动"行为引导型"教学方法的应用，提高学生自主学习能力和创新能力。

三、自主学习、合作探究教学方法的应用

"自主学习、合作探究"式教学方法比较抽象，我们举一个例子。

在教授人教版小学数学三年级上册第二章"万以内的加法和减法(二)"(被减数中间有0的连续退位减法)这一课时，作为一节以教学计算方法为内容的教学课，以前就是单一地进行讲解计算方法，学生反复地练习。这样的课堂死气沉沉、枯燥无味，学生也只会机械性地反复练习，被动接受，学生的自主性及情感态度得不到丝毫提升，这是与新课程教学理念相背离的。

为此，在教学中我是这样做的：

(一)充分利用身边的教学资源，激发学生的学习兴趣来引入新课

上课伊始，我提出问题："同学们，我们学校做课间操时，全校学生站了满满一操场，有谁知道我校有多少位学生吗，并告诉老师你是怎样知道的？"学生马上做出积极估测出大致范围"八九百"，并说出估测的缘由：有的是在平时集合中听老师讲过的，有的是看到黑板报上写出来过，还有的是根据本班人数及我校的班级数估算出来的。我对学生的回答做出评价后出示我校的实际人数915人，并提出请学生帮忙解决"我校有915位学生，其中男生有487人，算一算女生有多少人"这样一个问题，学生在练习本上很快算出了得数，我再讲讲计算的过程及方法，从而复习了上节课的内容。这时学生情绪激动，似乎意犹未尽，为本节课的引入开了一个好头。

(二)利用"自主学习，合作探究"的教学方法学习新知识

本节课教学的重难点就是掌握被减数中间有0的连续退位减法。我利用刚才

的铺垫引入新知识。现在请同学们来看老师变一个魔术,出示预先准备好的写上915 487的卡片(在915十位上的1下面用同样颜色写上0),随着我的一些动作很快将十位上的1抽掉,露出数字0,915-487就变成了905-487。(学生随之爆发出热烈的掌声)让学生找出这两个式子的不同之处后,并问:这样的式子,大家会算吗?学生异口同声地回答"能"。我并提出要求:在算的过程中遇到麻烦时要小组讨论,想出办法解决。然后学生进行计算,小组学生同时进行讨论。不一会,有的小组学生举起了手。我抽了几组学生的计算方法和过程,在没有评价哪组计算结果对错的前提下,又进一步提出:"你们在计算中遇到了什么麻烦?是怎样解决的?"部分学生说出在计算中碰到的麻烦,还告诉了我解决的办法。这时我再引导:个位不够减,从十位借1,而十位上是0,怎么办呢?就把刚才计算正确的小组的计算方法及过程,师生共同叙述并写在黑板上,进一步强调正确的计算方法后,让计算错误的学生再重新来做一次。这样学生在轻松愉快的学习氛围中掌握了新知识。

(三)拓展延伸,再次体现"自主学习,合作探究"

在学生掌握了中间有0的连续退位减法后,我又提出一个贴近生活的问题:"老师用500元钱买回一个185元钱的电饭锅,请算算老师应找回多少钱?"然后我再进一步提出:"除了用你们刚才的方法外,还能用其他的不同方法算出来吗?可以小组商量、讨论。"学生带着问题又进入小组讨论。最后在汇报时,学生想出的方法较多,有的方法很具有实用性。例如:(1)把185看成200,500-200=300 300+15=315(我问为什么要加15呢?该生说把185看成200后多减了15,最后结果要把多减的加上去);(2)185分成1个百、8个十、5个一,这样500-100=400 400-80=320 320-5=315;(3)利用加法中的凑十,"500-185"从个位算,5和5组成10,差的个位就是5;8和2组成10,但个位满十进上了1,所以差的十位不能是2只能是1;百位上1和4组成5,但十位进上了1,所以差的百位上就是3,

500-185=315。

整个课堂中，学生都是在老师创设的情境中"自主学习，合作探究"。我并未花费过多的口舌，学生就在愉快中消化了本节课知识的重难点。一节枯燥无味的计算课因"自主学习、合作探究"方法的运用而变得生机勃勃、丰富多彩。

四、项目教学法的应用

(一)项目教学法的起源

"给你55分钟，你可以造一座桥吗？"教育专家弗雷德·海因里希教授在"德国及欧美国家素质教育报告演示会"上，曾以这样一个实例介绍项目教学法。项目教学法是先由学生选取"造一座桥"的项目，学生分组对项目进行讨论，并写出各自的计划书；接着正式实施项目——利用一种被称为"造就一代工程师伟业"的"慧鱼"模型拼装桥梁；然后演示项目结果，由学生阐述构造的机理；最后由教师对学生的作品进行评估。通过以上步骤，可以充分发掘学生的创造潜能，并促使其在提高动手能力和推销自己等方面努力实践，这就是项目教学法。

(二)运用项目教学法的设计原则

1.以学生为主体，教师起辅助、指导作用

在传统教育中，教师是主角，教师要想尽一切办法让同学尽快理解和接受新知识；学生是观众，学生被教师要求认真听讲，学生的地位是被动的。要想使学生在学习过程中的地位由主动变被动，教师一定要从"前台"退到"幕后"，不要怕学生理解不了课本的知识，就算理解不了，也让他们试一试，不要让他们吃"咀嚼过的东西"，那样的东西虽然很容易消化，但他们习惯后，再也不愿意也不能啃硬骨头了。教师和学生共同参与项目的选取，要以教学的内容为依据，以现实的对象为材料，既要包含基本的教学知识点，又能调动学生解决问题的积极性，启发学生去主动发现身边的素材，选择难度适合的项目。

2. 创设适当的学习资源和协作学习环境

教师需要让学生有机会在不同的情境下来应用所学的知识,充分运用现代教育技术的手段给学生提供多种学习的资源,创设适当的学习资源和协作学习环境,以学生完成项目的情况来评价学生学习效果。"协作学习"是指教师要积极创设学生交流的情境,让学生在群体中共同讨论各种观点和假设,协商解决各种难题,使学生群体的思维与智慧为每个学生所共享,不是为了达到教学目标,而是达到全体学生共同完成知识建构。

(三)活动的过程

1. 课前

活跃课堂气氛、增强学生的学习热情、调动学生的学习积极性是课前热身运动可以达到的。如英语课,可以创设一个良好的语言环境、让学生开口说英语的语言氛围。可以由指定的学生做值日报告,利用每堂课开始之前的10-15分钟,报告的内容涉及广泛,可以是故事、新闻,也可以是传递与本课有关的课外信息,扩展课文的信息量。这一活动既锻炼了学生开口说英语的胆量,通过同学之间互相问答,又培养了他们学外语、说外语的信心。或者可以花这段时间进行一个让全体学生都能参加的活动。例如,单词接龙游戏,在规定的时间内,写的单词多且没有错词的那组同学即为胜利者。

2. 课中

互动式教学强调师生之间、学生之间的交流,进而开展课堂活动。在课堂活动过程中,教师要及时帮助需要帮助的学生,随时观察学生的练习情况,及时解答学生的问题。教师可以对主动性差的学生给予必要的督促和鼓励,使他们参加到语言实践中去。当然,课堂活动的设计要与本节课的教学目的和内容紧密结合,最好能联系学生的日常生活,并适当时利用现代化教学手段,那样学生参与的热情也会更高,记忆也更深刻。例如,英语老师在上"Jazz(爵士乐)"这篇课文的时候就播放了一首经典的曲子《Careless Whisper》(无心快语),它音质特别好,画面也很清晰,更加之有些同学对它的旋律有模糊的印象,当时引起了全体学生极大的兴趣,再让学生一边听一边填歌单上缺失的部分歌词,大家很快就把所缺失的歌词填了出来,而且也在一定程度上理解了"Jazz"。

3. 课后

教师要鼓励学生课后继续练习语言,因为语言的学习仅仅有课堂上的时间是远远不够的。教师可以让学生课后练习一些话题或任务,也要让每个学生都找个固定的学习伙伴(partner),这样可以方便口语练习,相互督促。还要定期检查课外的练习情况,给积极性强的学生表现的机会,让他们产生成就感。实施互动式教学后,学生自发地在组织英语角(English corner),并定期组织同学看外文影片。事实证明,这种教学法给课堂带来了新的活力,主动参与活动的能力增强了,学生学习兴趣提高了,语言交际能力提高了,语言理解的能力也随之得到了发展。

(四)互动式教学法对教师的要求

互动式教学法对教师提出了更高的专业要求。教师不但是知识的传播者,又是课堂主持人和课堂设计的策划者,教师的主导作用直接影响着互动式教学法的实施。专业的任课教师不仅语言交际水平要高,更要有扎实的专业知识、较丰富的专业实践经验。为避免课堂上的尴尬,教师应扩展视野,广泛涉猎各领域的知识,提升自己的业务水平,避免上课照本宣科。因此,教师不但要进行理论知识的钻研,还需要走向社会,参与专业实践,在实践中充实自我,提高自己的能力。教师通过实践能使抽象的理论变得更加感性、具体,并且有利于教师对理论认识的进一步理解和升华。更重要的是,可以丰富课堂教学案例素材,讲课中充满信心、游刃有余地驾驭课堂。如此一来,"课"就会对学生产生吸引力,调动他们积极参与的热情。互动式教学课堂涉及的知识面更广，组织性更强，教学的灵活性更大。课堂的组织者——教师，在课前必须做好充足的准备，对所讲内容应融会贯通，而且要不断搜集、积累和更新相关专业素材，准备一些具体的实例来增强学生对专业知识的感性认识；注意把握过程方向、节奏、进度等，使讲课变得得心应手，促进课堂在井然有序中进行。

好教师的教学方法是因人而异、各有千秋。他们都能以自己独到的方式方法打动学生，使学生获益匪浅，终身受用。比如，有这么一些被人传诵的优秀教师的表现：以疑惑的语言、朦胧的口吻，给学生造成无穷的想象空间和钻研余地，气氛活跃，充满问题与应答，在问答中逐步引导学生掌握课程的精义；高屋建瓴，一泻千里，来龙去脉，一气呵成，使学生对全局和事理一目了然；娓娓而谈，看似离题万里，漫无边际，学生细细品味，却能沙里淘金，恍然大悟；见地深刻，博采众长，比较分析，鞭辟入里，启发学生，开阔视野、深入思考；上课似在云里雾里，却深信问题深奥重要，课后自学资料、刻苦钻研，终于大彻大悟；以天马行空、雄才大略的气概处理具体科学问题，给学生以学习的勇气与信心。

凡此种种，可以说他们做法不同、风格迥异，都能受到学生欢迎。从某种意义上说，他们所用的并不只是教学"方法"，而是教学"艺术"，能根据授课对象的基础、课程的性质，听众的规模等，来运用各自特殊的艺术。这里，教师的资历职称并不重要，即使学历再低，课讲得真好，几堂课下来就能赢得学生的尊重，这就是"教无定法"。但是，好的教学方法并非完全没有一定的规律可循。老师要"从学生角度着想"，就是一切为了学生，服务于学生。首先就要对学生有"真情"，热爱学生，设身处地为学生着想，"方法"问题就迎刃而解。教师还必须站在社会、国家和人类的角度思考问题。由此，可以把好教师的条件归结为"四真"，即真知、真信、真行、真情。

基本功之十四　学习方法的指导

古人云："工欲善其事，必先利其器。"学生学习方法是否正确，直接关系到学生学习效率的高低。笛卡儿曾说："最有价值的知识是关于方法的知识。"由此可见，学生掌握了好的学习方法，也就掌握了开启知识宝库的钥匙。特别是终身教育日益风行的今天，方法的学习更显迫切和重要。那么什么是学习呢？什么是学习方法呢？我们下面一一介绍。

一、学习和学习方法的概念

要想学好各种知识和技能，形成良好的行为习惯，必须有一套行之有效、事半功倍的学习方法。那么什么是学习方法呢？其实学习方法也有广义和狭义之分。

广义上的学习指人和动物在生活过程中获得个体经验的过程。它是动物和人类生活中的普遍现象。从低等动物到高等动物，从婴儿到成人，都经常以个体经验去适应变换的环境。所以学习的广义概念，既包括人的言语、行走、知识、技能、习惯和道德品质等的学习，也包括动物的习得行为。而狭义指学习过程中学习者所采取的具体活动措施与策略。特指学生在教师的指导下，有计划、有目的、有步骤地获得知识、形成技能的过程。在学习情境上以师生交往为主；在学习形式上是通过课堂教学为主；在发展目标上，要德智体美劳全面和谐地发展；学习的过程一般要经历感知、理解、记忆、应用等阶段。所以学生学习是一个复杂而又特殊的过程，是个体掌握人类社会历史经验的过程（本书所说的学习指的是狭义上的学习）。而学习方法，是指为达到某种学习目的而采用的途径、手段等的总和。

二、学习方法指导的主要内容

学习是有一定方法和规律性的。我们要深入地了解、研究它，然后给学生以学习指导，让学生从枯燥、沉闷、反复的练习和实践中解放出来，成为学习的主人，从而使学生从我肯学升华到我会学、我能学。鉴于我国现阶段中学教育的班级授课制，要提高学生的科学素养，教师就应该遵循教学的过程规律，对每个学生的学习予以科学的方法指导。

加强学习方法指导应侧重以下几个方面：(1)普通学习方法的指导。它包括预习方法的指导、学生听课方法的指导、作业方法的指导、复习方法的指导；如课前阅读学习材料、专心听讲、记好笔记、仔细审题、认真解题、耐心检查、及时改错的方法，尝试、回忆、阅读课本、整理笔记、看参考书以及系统复习的方法等。(2)加强学习修养方法的指导。包括培养学生的学习动机，克服厌学情绪，增强学习信心，消除差生学习中的自卑心理；克服学习中的困难与挫折，克服考试焦虑，增强学习毅力；克服学习疲劳，学会科学用脑；培养刻苦勤奋的学习态度，养成良好的学习习惯等。

加强学习方法指导，既有普遍的一般方法的指导，又有特殊的不同学科具体方法的指导，要把普遍指导与特殊指导相结合。使它对全体学生普遍进行，又要个别指导。因此，在进行普遍指导时，还要针对学生的不同实际情况进行个性化的指导，只有这样，有的放矢，对症下药，才能产生最佳的指导效果。

其中我们主要谈谈课堂教学的指导。

(一)预习方法指导

预习是指学生在教师讲课之前自己先学习教材。从心理学角度来看，预习可以打好学生定向的心理基础，为上课创造有利的心理准备，以便上课时把注意力集中在主要问题上，是听好课的前提。

首先，阅读教材，了解知识框架。

对新教材的预习，首要的是全面、粗略地了解它的基本知识框架，浏览教材中的章节以及一些醒目的字句和每段的首尾概括句。这样，短短几分钟内就可以将预习工作完成。

其次，由厚变薄，陈列要点。

在大概了解教材之后，就要进入到精读阶段，要仔细阅读每一个语句和词语，一边将知识要点整理，一边罗列出来。要尽自己所能找出教材的重点、难点，并在教材上作出标记，以便提醒自己认真听取教师对重点的讲授。

第三，联系旧知，质疑设问。

知识是一个系统，新旧知识间是有联系的。因而学生在预习新知识的同时，应将相关联的旧知识进行联想、迁移。有时可查阅以前的教材、笔记。同时，对新知识以及新旧知识的联系要有自己的想法，不明白的就提出问题。朱熹说："读书无疑者需教有疑，有疑者却要无疑，到这里方得长进。"对于有疑惑的地方可标记在相关的教材空白处，以便上课认真听教师讲课。课上未解决这些问题时，下课要及时请教教师。

(二)听课方法指导

不少学生上课效果不好，其中一个重要原因是没有掌握好的听课方法。听课是全身心地追随教师的教学思路，调动大脑思维的一项费时、费力的脑力活动。因而，向45分钟要质量，就必须有良好的心理状态，积极地思考，清晰地思维。

首先，课前准备，进入状态。

课前准备，看似简单、无用，实际上是两堂课之间的思维转移，是从上一节课调整心理、收回心思，为进入下一堂课作积极、充分的准备。这些准备包括心理状态的调适，学习用品、大脑机能的调整以及相关知识的调动。

其次，全神贯注，乐于质疑。

听课时，不能"身在曹营心在汉"，必须全神贯注，追随教师脚步，积极思考，并不是简单地听听就好，要做到真正的懂得。听课的时候，还要对教师的讲课及课本知识敢于怀疑，但最好不要在课堂上提出，以免影响教师教学进程，应该作上记号，课后请教老师。只有这样，才可能真正做到"不唯书，不唯上，只唯实"，学到知识最精华的部分。著名教育家陶行知曾说："发明千千万，智者问得巧，愚者问得笨，人力胜天力，只在每事问。"所以，我们要提倡学生大胆质疑，乐于提问。

再次，勤于动手，作好笔记。

"好记性不如烂笔头。"老师板书上所写的知识大纲，还有教材的重点、难点、疑点、练习中补充的以及多次强调的内容，都应及时在书本上勾出或记在笔记本上，以便课后按图索骥，根据知识要点复习巩固，提高学习效率，达到事半功倍的效果。因而，作为一个学生，听课时一定要做到眼视、耳听、脑思、手记。

(三)复习方法指导

复习并非简单地再读一遍教材或笔记，而应有方法有步骤地使知识及时消化、巩固，并使之系统化的重要途径。复习可以分为课后及时复习、单元复习、阶段复习、期中复习及期末复习等。

首先，根据笔记，变薄为厚。

无论是及时复习，还是阶段复习，都应根据笔记中的知识要点、基本框架去回忆、联想、填补所学知识的详细内容，对记不清或没记住的知识，应及时查阅书

基本功之十四　学习方法的指导

本，加深印象。

其次，独立作业，查缺补漏。

一定数量的作业是检测学习、复习效果的最好的办法。因而，在搞好复习的基础上，必须做一些相关的练习，包括老师布置的课后练习、同步练习、目标检测等。当然，要保证作业的质量，必须注意三个方面：

(1)作业要精而少，具有典型性、代表性。如一道简单的记忆、计算题，同类题做上一两道即可。

(2)独立完成作业。在不参考教材、教参的前提下，独立完成作业。只有这样才算是知识的"搬运工"，而不是知识的"奴隶"。

(3)反馈结果，及时改错。在完成作业后，应对照参考答案、相关的提示，自己检验作业正确性，反馈学习效果。如果是上交作业，在教师批改、订正时，更应认真听讲，课后做好总结。

再次，备"纠错本"，强化知识"盲点"。

教师应鼓励每个学生设置一个纠错本，记录学生自己常因粗心大意而将某些知识点混淆，从而造成同类型错过两次以上的典型题，或者教师强调而学生又总没有掌握好的知识点。同时，每隔一段时间，应对纠错本进行一次"治理整顿"，把掌握了的知识"解放"出来，将新的知识"盲点"囚进去。从心理学的角度来讲，这样做会使学生有"解放囚徒"的心理冲动，一种战胜自我弱点的冲动，从而更好地激发学生的学习兴趣与潜在动力。

三、学习方法指导的有效途径

学习方法指导的形式很多，主要有：

(一)开设学习方法课

教师根据教材向学生系统化教授学习方法，它要求教师有一本相关的教材，并且仔细研究，精心备课；在课上系统讲授，这种方法能引起学生对学习方法的重视，能从理论上掌握好的学习方法。

（二）举办学习方法指导专题讲座

可根据本校学生的实际情况和学科特点，定期或不定期地举办学习方法指导讲座。一般可以以年级为单位进行，这就要求结合年级的特点和学生学习的实际，具有针对性地讲解一定的学习方法。

（三）学科渗透

一般由任课教师进行。教师通过课堂教学指导学生掌握一定的学习方法，养成良好的学习习惯。通过课堂教学训练学生的学习技能、技巧，培养学习能力。这种方法，使学生既可以学到某一学科的具体学习方法，又能找到自己的缺点与不足而"对症下药"，并且还能掌握学习过程各个环节的技巧。

（四）经验交流

这是一种在教师的指导下同学之间进行学习方法的经验交流。如召开座谈会、班会，办班报、墙报，让学生交流自己的学习经验和体会；组织学法研究会介绍学习经验，自我总结学习过程等。

四、学法指导的原则

学法指导的原则是根据学生的学习经验、学习规律和学习任务对学生学习提出的基本法则。它也是用来提高学习质量、效率，指导和改进学生学习过程的准则。就此对学生进行学法指导应遵循以下几条原则：

（一）系统化原则

在教和学中，要把新、旧知识系统化有机联系起来，加强各部分基础知识之间的内部逻辑联系，注意从宏观到微观揭示事物的本质，并重视从旧知到新知、由已知到未知的系统化工作，进而在头脑中形成一定的体系，成为他们知识结构中的有机组成部分，使所学知识先成为小系统、大结构，进而达到系统化的要求。

(二)针对性原则

学法指导的最根本原则，就是针对各学科的特征及学生的实际特点进行指导。一般来说这要针对学生的不同个体差异进行指导。学生的类型大致分为四种：第一种，优秀型。基础知识扎实，学习得法。第二种，松散型。学习能力强，但基础知识不够扎实，学习不够认真。第三种，认真型。学习很刻苦认真，但方法不得当，能力较差，基础知识不够扎实。第四种，低劣型。对学习没有兴趣，不下功夫，底子差，方法死，能力弱，处于"学习脱轨"和"恶性循环"的状态。所以，指导方法和重点的指导要因人而异。对第一种侧重于帮助优生进行总结并自觉运用学习方法；对第二种主要解决学习态度问题；对第三种主要解决方法是找准适合自己的学习方法；对第四种主要解决兴趣、自信心和具体学习方法的问题。

(三)实践性原则

要使学生真正掌握这种具有实践性较强的技能、技巧的学习方法，就必须进行方法训练，多参加实践，使之达到技巧化、自动化的程度。指导中切忌单纯传授知识，学而不用。进行方法训练时，要与实际具体内容相结合，使学生在具体情境中掌握学习方法。

(四)实用性原则

学习方法指导的最终目的是改正不良方法，养成良好的学习习惯，用较少的时间学有所得、学有所获。所以应以常规方法为重点，指导时多讲思路，力求理论阐述深入浅出，通俗易懂，增强可读性，便于学生接受。注意穿插某些重要的单项学习法，如怎样积累资料，怎样记笔记，怎样阅读，怎样使用工具书等。

五、学习方法指导的规范管理

重视学习方法指导，强调学生在学习中的主体地位，我国著名教育家陶行知先生指出："我以为好的先生不是教书，不是教学生，乃是教学生学。"美国心理学家罗斯也说过："每个教师应当忘记他是一个教师，而应具有一个学习促进者的态度和技巧。"专家学者精辟地阐述了在整个教学过程中，学生是认识和发展的主体这一思想。教师在教学过程中的作用，只是为学生认识和发展提供帮助和指导，培养学生自我学习的能力和习惯。而有效地加强学习方法指导，又是一个系统工程，发挥学科教师的主导作用，因此，在指导学生的学习方法问题上，教师要抓住下面几个主要的环节：

（一）备课

这是讲好课的前提。备课不仅要备内容，还要备方法、思想，不仅要考虑讲好知识，还要考虑教会学生用什么样的方法来理解和掌握所传授的知识和技能。

（二）讲课

是教师把知识技能转化给学生的主要环节，也是发挥教师主导作用指导学生学习方法最重要的时机。如果教师注意经常从复习旧课引入新课，就能培养学生经常注意复习巩固知识的良好习惯；如果在讲课中能注意坚持运用提出问题，和学生共同分析和探索解决问题，并注意联系生产和生活实际的方法，而不是照本宣科，这就不仅有利于激发学生学习的积极性，有利于保持学生的记忆和学习迁移的提高以及智力的发展，而且能逐步地培养学生学会发现问题、研究问题与解决问题的方法；如果在讲课中能注意坚持突出重点，讲清基本概念和基本原理的方法，而不是眉毛胡子一把抓，学生在学习中就能学会抓主要问题的方法；如果讲授难点时能坚持注意充分运用学生已掌握的知识，采用解剖分析、难点分割、各个击破、逐步深入的方法，着重讲清解决问题的思路及其道理，而不是囫囵吞枣地只教给现成的结论，就可以引导学生学会运用已知知识去理解消化直至突破难点的学习方法。如果讲课时能坚持做到板书重点突出，条理清晰，不仅便于学生写好笔记和课后复习，而且可以培养学生学会记读书笔记的方法；如果能注意有指导地布置学生进行预习，并按要求进行检查，及时给予鼓励，就有助于引导学生养成独立看书学习的良好习惯，等等。因此在讲课过程中教师应充分发挥主导作用，有计划、有目的地指导学生的学习方法。[1]

(三)阶段复习

教师要有目的、有计划地组织阶段复习，不仅可以帮助学生加深对基本理论、基本概念和基本方法的理解和运用，而且还要教会学生新旧知识的对比，理清概念之间的联系与区别，根据具体问题选择最优的解决方法。

(四)测验与作业批改

测验、作业是学生反馈教学结果的重要方法之一，从测验与作业的结果中，不仅能反映出在知识学习中存在的问题，而且也能反映出教师的教法和学生的学习方法中存在的问题。此时教师要对出现的问题及其原因进行分析，及时小结讲评，使学生的学习达到更好的效果。

总之，良好的学习方法，是学好知识的前提和保证。教师在教学过程中指导学生的学习方法，应该做的工作是大量的，方法也是灵活多样的，只要思想重视，持之以恒，必能达到事半功倍的效果。

---

[1]白素英.对学习方法的指导[J].中国科技信息，2007(23).

基本功之十五　学生能力的培养

　　《中共中央关于教育体制改革的决定》中明确指出："在教育思想、教育内容、教育方法上从小培养学生独立生活和思考能力很不够；发扬立志为祖国富强而献身的精神很不够；生动活泼地用马克思主义思想教育学生很不够。不少课程内容陈旧，教学方法死板，实践环节不被重视，专业设置过于狭窄，不同程度地脱离了经济和社会发展的需要，落后于当代科学文化的发展。"[1]这段话清晰地指出了目前我国教育存在的诸多弊端，并且也指明了教育改革的方向和途径，同时也涉及到对学生能力的培养问题。

　　那么到底何为能力？通常而言，能力是指能完成某种任务的心智和体力两方面的一种潜在功能、技巧和素质。[2]对于培养学生的能力这一问题，已经成为当前我国教育改革中非常重要的问题。同时，随着时代的发展，人们也愈来愈意识到对于学生能力培养的重要性，意识到这不仅是深化教育改革的同时也是亟待解决的一个严肃问题。

　　教育观作为一种观念形态的东西，会依附于一定的社会物质基础。一个阶段的教育观念是这个阶段特定的社会形态和社会发展的产物。中国几千年前的封建社会

[1]葛凤娟.浅谈学生能力的培养[J].菏泽师专学报，1991(01).

[2]李学海.浅谈学生能力的培养[J].教育探索，2009(08).

所产生的教育，就是主要以"传道"、"授业"、"解惑"等为教学内容的，即传授以儒家思想为核心的知识内容，但也并不是不注意培养学生的能力。传统教育除了注重传授知识之外，同时也会兼顾培养学生的能力。任何阶级要办教育，都是因为教育会对社会的发展和阶级的巩固起到很大的作用，统治者们看到了通过教育培养出的人才为社会做出的贡献。因此，各阶级办教育，都旨在培养为本阶级服务的具有实际能力的人才。我国古代大教育家孔子就把传授系统书本知识和训练学生综合性的技能结合得很好。他认为，教学的任务就在于使学生获得真正的知识和练就实在的本领。所以，在传授书本知识的同时，他更注重对学生的实际能力的锻炼和培养。孔子的这种教育思想恰恰从一个方面反映了封建教育的本质。孔子的因材施教，本身也包含着对学生能力的锻炼和培养。孔子有弟子三千余人，其中更有"七十二贤士"，七十二人中各有所长，孔子则根据每个人的特长，因材施教，将每个弟子都培养成学有专长的人才。因此，他在解答学生的疑问时，即使是同一问题，如果是不同的学生提问，他的答案也会有所不同。孔子的这种因材施教的教育方法，是为了适应学生的差异性而制定的。根据不同学生的不同情况进行有针对性的教育，则可以最大限度地发挥和挖掘学生的才能和潜力，充分调动学生的主观积极性。

目前，就如何在传授知识的过程中培养学生的能力这一问题上，还没有达成共识。教学的实践经验告诉我们，完整地传授知识的过程就是培养学生能力的过程。我们都知道，学生能力的培养其实是一个反复学习和实践的过程，仅仅局限在传授知识过程本身是不全面的，但这并不等于说传授知识的同时就不能兼顾能力的培养，相反，课堂上如果很好地传授知识，那么学生能力的培养也会得到相应的发展。因此，传授知识和能力的培养二者是相辅相成的。当然，学生能力的培养也不单单就体现在传授知识当中，学生完全地将自己的知识转化为能力，则是一个反复学习、自己内化知识的过程。但是，就教学过程本身来看，课堂教学则是一个培养学生能力的很重要的途径。有的教师仅仅把课堂教学看成是传授书本知识，而忽略了与此同时对学生能力的培养，这种想法是非常片面的。教师应该在教学过程中注重把二者辩证地统一起来，处理好传授知识与发展能力两者之间的关系。目前在高等院校中，教学改革的重点就是把传授知识与培养能力结合起来，着重培养学生能力的新的教学思想已深入人心。那么如何理解能力？培养哪些能力？怎样培养能力？

一、如何理解能力

理解能力就要涉及到智力和知识，只有对智力、知识与能力三者之间的关系和区别有一个清楚的理解，教师才能自觉地在教学中发展学生智力，增长知识，培养能力。[1]在这三者中，智力和能力不是一个概念，这两个概念应该区别开来。智力是指人的大脑的功能，具有基因遗传性，实际上是一种认识能力，表现为观察力、记忆力、注意力、思维力和想象力，是基本智力。而能力则是人们在实践活动中依靠智力和知识去认识世界并改造世界所表现出来的身心力量，具有后天养成性，也就是说智力加上知识通过实践可以转化为能力。智力可以在能力中体现出来，并在培养能力过程中得到发展，当人们通过教育与实践获得了能力之后，反过来又促进了智力的提高。另外知识和能力也不是等同的，二者也有着密不可分的联系。能力是通过掌握知识的过程逐步形成和发展的，而掌握知识本身就要求有一定的能力。知识是基础，没有知识就不可能有能力的发展，但一个人具有的知识多少并不是和他的能力成正比的，知识多的人，能力不一定就强，而知识少的人也不定能力就弱。比如我们常常会看到一些在学校的高分尖子生，在参加工作后或进行科学研究方面表现得普通平庸。相反，一些在学校学习成绩并不突出

[1]李义.重视学生能力的培养[J].河北建筑工程学院学报，1995(04).

但具有一定的创新思维能力的学生，他们在工作或学习中却能表现得很出色。由此可见知识是能力的基础，能力是获得知识的条件。

二、培养哪些能力

根据现代社会的发展和科学技术进步的需要，我们培养出来的人应具备两种能力，一种是一般能力，另一种是特殊能力。所谓一般能力是指基本能力，也就是说从事一般工作都应具备的能力，主要指以下三种：

（一）自学能力

由于现在科学技术的迅猛发展和社会的快速进步，一个人在学校所获得的知识，远远不能适用于这种日新月异的变化。因此，要在学校学习期间，培养学生能独立获取知识的能力，即自学能力。自学能力是所有能力的基础，古今中外，有很多自学成才的实例典范。例如欧阳修，他1007年出生于江西吉安县，4岁时父亲就去世了。母亲为了欧阳修长大能重振家业，对他教育很严格。母亲为节俭开支，用芦苇、木炭做笔，在沙地上写字，教欧阳修认字。两年后，他6岁就已经认识几千个字。后来他母亲没什么可教他的了，他只能自学。他借人家的书，在规定的日期内把书抄完，还给人家，书抄完后再背诵。他10岁时就能写诗了，后来有很多人都来让他教自己的孩子。他长大后对中国文学做出了出色的贡献，成为北宋时期的政治家、文学家、史学家和诗人。与韩愈、柳宗元、王安石、苏洵、苏轼、苏辙、曾巩合称"唐宋八大家"。再比如国外的莎士比亚，他诞生于英国一个内地城镇埃文河畔斯特拉特福。他父亲原是个富裕的小商人，经营玉米、肉类、皮革等买卖，后来因亏本负债，境况日下，莎士比亚在青少年时代没有受过什么系统的教育。他曾经在镇上的文法学校念过书，学了一点皮毛的拉丁文和希腊文。此后他到了伦敦，先在某家剧团里干些杂活，后来参加演出，颇显才华。最后，他自己拿起笔写剧本。

那些所谓"文学才子"们根本看不起这位从演员出身的剧作家，说他是"新抖起来的乌鸦"。而莎士比亚并不气馁，更加发奋，大约在他28岁左右，就已经取得文学创作的成功了。他几乎每年都要出一两本杰作，目前出版的他的全集中，共有38个剧本。他的这种百科全书般的知识，主要是他具有丰富的生活实践和勤于学习马罗等前辈戏剧大师们的技巧以及当时的客观条件，终于使他成为人类文艺史上的一座高峰。可以说，自学能力是打开知识宝库的一把金钥匙，可以成为你学习知识取之不尽、用之不竭的源泉。

(二)实际动手操作能力

不论科学技术怎样高速发展，要把思想落实到实施层面，总是要动手去实现的。因此，实际动手操作能力是至关重要的。现代科学技术的高度发展，对动手操作能力的要求也更高更复杂了。动手操作就是让学生动手去做，通过摸、摆、拼、剪等具体行动感知物体表象，思考—形成认识，交流—内化知识，是可以促进学生发展的一种有效的体验性学习。苏霍姆林斯基说过："手和脑之间有千丝万缕的联系，手使脑得到发展，使它更明智；脑使手得到发展，使它变成思维的工具和镜子。"有些教师虽已认识到动手操作的重要性，但因为容易出现乱、吵，难以控制的窘状，干脆故步自封，停止探索和改进。因此，教师在实际教学中要不断总结，不断反思，尤其是做得不够的地方要及时记录，积极思考对策，才能不断进步，实现学生主体真正的发展，教学的真正有效落实。

(三)探索发现能力

我们都知道要改变我国科技落后的状况，变中国制造为中国创造，这就要求我们培养出来的人才要具备探索发现的能力，这样才能做到发现新的科学原理，开辟新的科学领域，进而攀登世界科技新高峰。探索意识与探索能力培养之于学生学习、之于学生发展、之于社会进步都起到巨大作用。因此，构建一种以探索学习为主轴的教学活动模式，突出学生探索精神、探索能力与创新能力的培养，便成为我们研究工作的重心之一。教师成功地引导学生探索发现了什么，固然重要，但是更重要的是提高学生善于探索发现的能力。即学生的那种积极思考、独立探究和自行发现的能力。

三、怎样培养能力

怎样培养能力？培养学生的能力是一个系统连贯的过程，要通过学生自己参与各种实践活动来培养。这些实践活动种类繁多，如教育与教学的活动，学校各科目相应的练习活动，实际的操作训练以及相关的生产活动和必要的社会活动。因此为了培养学生的能力，在学校的教学活动中，我们应首先处理好三个关系、掌握三条原则。

(一)三个关系

1. 要处理好科学过程与科学结论的关系

科学过程是指科学原理的起源和发展，是指对这个原理的推导与论证。而科学结论是指经过科学过程而得到的定律、定理和法则。[1]教师在向学生传授系统的学科知识时，不仅要让学生学到具体的知识，更重要的是让学生掌握科学过程，让学生能够了解科学过程，这样才有助于培养能力。

2. 要处理好知识的获取和能力培养的关系

教学中要以知识为载体，以培养学生的各种能力为目的。教师传授学生知识的同时不能忽视对学生能力的培养。学习好的学生，他的能力可能得到较好的发展，但知识和能力不一定是正比关系，能力不会随着知识的增加而自然形成，能

[1]李义.重视学生能力的培养[J].河北建筑工程学院学报，1995(04).

力的形成是有条件的，关键是教学指导思想是什么。课堂上让学生积极参与，发挥学生的"主体"、教师的"主导"作用，有意识地培养，学生自觉配合、努力实践，才能实现知识与能力的协调发展。这里我们需要强调活动性教学、开放性教学，千方百计地让学生把所学的知识与生活和社会联系起来，开展丰富多彩的拓展型延伸性的学科活动，只有在活动中学生的能力才能真正得到培养和提高。

3. 要处理好教师的主导性和学生的主动性的关系

课堂教学是教学过程中最重要、最核心的一个课题，是教师根据教学目的和学生特点，有计划地引导学生掌握知识和运用知识的过程，是师生共同参与的信息双向传递过程，是通过教与学，使学生在认知、情感、技能方面发生心理变化及形成个性的过程。因此课堂教学的本质是教师根据教学目的与学生的身心发展特点，通过系统、有计划的教学双边活动，促使学生在认知、情感、技能诸多方面发生心理变化，并形成和发展个性的过程。这一过程中普遍存在一对基本矛盾，就是教师与学生之间的关系。教学是师生双边活动过程，对教师来说是由已知向他知转化的过程；对学生来说是由未知向已知转化的过程。教师只有在教学过程中不断引导学生，而把学生作为教学活动的主体，让学生自己主动参与其中，这样才能更好地培养学生各方面的能力。

(二)三条原则

1. 在教学内容组织上要贯彻少而精的教学原则，要选择各类精华知识，精辟地讲解，使学生学得知识中的精髓。而不是在课堂向学生实施满堂灌，那样只会让学生满头雾水，起到适得其反的作用。少而精，是当前高等学校减轻学生学习负担、提高教学质量的关键之一，是贯彻党的教育方针、使学生在德智体多方面得到发展的重要措施之一。因此，怎样正确地理解和贯彻少而精，成为高等学校在当前教育革命中的重要问题，为高等学校教师和教育管理工作者所深切关心。

2. 在教学过程中要遵循认识论。事物的发展是一个由低级到高级、由简单到复杂的发展过程，人们的认识也是随着客观事物的发展而发展的。[1]教师在向学生传授知识时，要按照认识论的规律，从简单到复杂，从未知到已知，从感性认识到理性认识，由浅入深，循序渐进，从而系统地将知识传授给学生。如果教师不考虑学生的认知规律，没有循序渐进地给学生传授知识，那么就好比给学生树立了一个笔直的梯子让学生攀爬，这样将不会达到良好的教学效果。

3. 在教学方法上要提倡启发式教学。启发式教学就是指教师在教学过程中根据教学任务和学习的客观规律，从学生的实际出发，采用多种方式，以启发学生的思维为核心，调动学生的学习主动性和积极性，促使他们生动活泼地学习的一种教学指导思想。启发式教学的实质在于正确处理教与学的相互关系，它反映了教学的客观规律。随着现代科学技术的进步和教学经验的积累，启发式教学将不断得到丰富和发展。目前，一些国家教学方法改革中的许多创造和见解，都是同启发式教学的要求相关联的。

社会主义市场经济是在竞争中发展的，竞争主要是人才的竞争，人才就是能力强的"能人"，因此，竞争就直接表现为能力的较量。[2]新课程改革下的教学活动应以追求科学精神和人文精神为宗旨，以学生为主体，采取自主、合作、探究的教学方式，让学生真正体验到学习的乐趣和知识无穷的魅力以及做人的道理，提升学生的综合素养。因此在新课程理念下的教学模式应该注重培养学生的综合能力。

（一）重视各个学科之间的联系，培养综合能力

我们都知道，在整个庞大的知识网络体系中，各门学科并不是独立存在的，

[1]李义.重视学生能力的培养[J].河北建筑工程学院学报，1995(04).
[2]朱晓亚.浅谈学生能力的培养[J].网络财富，2009(03).

每门学科之间都或多或少地存在着些许联系。因此我们在教学过程中并不能单一地将某一学科割裂开来教授，要掌握好科目之间的内在联系，使学生在学习了该门课程之后可以横向拓展，从而增强对其他相关知识的学习和认识。

(二)重视学生的差异发展,培养创新能力

我们允许个体之间存在某些差异，这是无法改变的，例如性别差异、地区差异等。而课程改革极为重要的特征之一就是要正确定位学生为发展中的人，学生作为发展中的人，需要教师格外关注，应当允许其差异发展，让其张扬个性。只有充分发挥每名学生自身的优点，让其将自己身上的闪光点放大，才能增强学生的自信心和学习的积极性，不断发散他们的思维，从而不断培养他们的自主创新能力。

(三)重视实际动手,提升学生的操作能力

培养学生的动手能力是素质教育的一个重要课题。心理学的研究表明，青年学生喜欢活动，喜欢动手。他们希望自己学到的知识、技能得到表现，自己的才华得到展示。我国现代著名教育家黄炎培，他毕生倡导职业教育，主张手脑并用，反对劳心劳力分离。他说:"要动手的读书，读书的动手，把读书和做工两者联系起来。"只有手脑联合才能产生智慧。前苏联教育家赞可夫也认为，学生的所谓"发展"应该包括"观察力、思维力和实际操作能力"三个内容，现代社会需要"手脑并用"的人，所以实际操作能力是学生发展的主要因素。学习过程也是一个知、情、意、行的过程，学生的思维能力和动手能力，不仅从一些习题的练习与一些实验操作的训练开始，要有效地培养学生的创新思维和动手能力，在教学中还需巧设一些课题，让学生运用自己已有的知识形成的过程，体验运用知识解决问题或动手制作小发明小创造获得成功的过程，是培养学生的创新思维和进一步提高学生动手能力的一个重要过程。

(四)引导阅读,培养学生的理解能力

学生的认知过程必须有适当的基础知识才有可能对新知识产生好奇、渴望，也就是说掌握牢固的基础知识、具备丰富的生活体验是形成问题的基础和保证。

因此,在教学中要培养学生的问题意识,教师一定要注意引导学生积累知识,丰富表象,帮助学生提供形成问题的智能基础,例如阅读教学,教师在教学过程中不仅要注意引导学生熟读精思,在读中积累语言材料、思想内容和语文基础知识,还要结合教材特点,引导学生观察实物、标本、模型和实验,运用现代化教学手段,帮助学生去理解抽象的知识,使之尽可能在学生头脑中形成表象。另外还要特别注意引导学生广泛阅读,多接触和体验生活,让学生在阅读和生活实践中掌握更多的知识。

(五)给学生犯错的机会,培养学生的阅读能力

阅读不仅可以具有使学生获取信息、积累知识、培养能力、开发智力的价值,还具有陶冶情操和塑造品格的价值。阅读能力有几个层次,呈螺旋式提高,低层次的是能理解字面意思;较高层次是能领会字里行间含着的意思,领会文章所表达的思想感情;高层次的阅读能力,是能从审美层次上阅读欣赏,获得审美的愉悦。在教学中,我们要努力地不断提高学生的阅读能力,而不能停留在仅能初步地把握课文的思想内容上。学生在学习的时候并不能保证任何错误都不犯,相反时常出现一些错误,可以帮助学生发现自己存在的不足从而改正。因此教师应该允许学生出现错误,这样才能不断纠正,得到进步。

总之,培养学生的能力,是提高整个中华民族的科学文化水平,从而促进祖国的发展并曾强国家在世界中的综合实力,为四化培养合格人才的基础工作,广大教育工作者应为之努力奋斗。在新课程的教学中,教师应真正领会课改的理念,真正实现理念向行动转化,不再出现"穿新鞋,走老路"的现象。应本着为学生服务、为学生的终生发展而努力,使课堂真正成为学生学习知识、培养能力的场所,让每一个学生都有自己的发现,真正体验到学习的乐趣和知识无穷的魅力。

教育研究方面基本功

基本功之十六　教育观念的树立

　　现阶段我国正在实施教育改革，教师教育观念的更新显得尤为重要。要想成为21世纪一名优秀的教师，教育观念就必须跟上教育改革的步伐，冲破传统教育观念的影响和束缚，建立起现代教育观念。在整个教育过程中，教师个人的教育观念直接影响着教师对教育问题的判断，并进而影响其教育行为，从而也最终决定了教师的教育实践效果——学生到底从老师那里学到了多少有用的知识。这就意味着对教师个人教育观念进行深入的探讨研究极为必要。[1]提高教师素质是目前教育改革的中心任务之一，这是因为，任何教育改革最终都要依赖于教师的理解

---

[1]易凌云、庞丽娟.教师个人教育观念的基本理论问题：内涵、结构与特征[J].湖南师范大学教育科学学报，2006(07).

与执行，要通过教师来发挥其作用。[1]伴随着思想的解放，改革的深化，"三个面向"方针的进一步贯彻落实，中国的教育事业迎来了前所未有的发展机遇，也不可避免地触及越来越深层次的问题，教育观念的更新显得尤为重要。[2]

一、教育观念的基本内涵

"观念"一词来源于希腊文，是一种意识形态的文化。教育观念是指人们对于教育所存在的一种态度、想法和意见，其核心是教育价值观。马克思、恩格斯曾说："观念的东西不外是移入人的头脑，并在人的头脑中改造过的物质的东西而已。"[3]因此我们认为教育观念应当是人们在实施教育活动的时候，通过教育实践探索并形成的基本理念，进而根据这些基本理念来指导人们的教育活动。现代教育改革的核心正是教育观念的改变。国家要快速发展就要大力发展生产力，而生产力的发展又要依赖于人才，那么人才的培养则要通过教育来实现。长期的教育改革使人们不断认识到，教育改革要想成功就要使教育观念改变。因此，树立正确的教育观念是每一位新世纪教师都应该完成的任务。

教师个人教育观念是特定的教师个体所独有的教育观念群。我们得承认并重视教师的个人化教育观念。某些教师的个人化的教育观念可能比较"丰富"，另一些教师的个人化教育观念可能比较"简单"；某些教师的个人化的教育观念可能比较"开放"或"进步"，另一些教师的个人化教育观念可能比较"保守"或"落后"。某些教师可能已经将自己的个人化教育观念"说出来"或"写出来"，另一些教师可能愿意保持"沉默的大多数"，虽有大量的主张、意见，却甘于成为"默默无闻"

---

[1]高潇怡、庞丽娟.论教师教育观念的作用[J].教育科学，2003(04).

[2]丁桂兰.论我国当前的教育观念[J].和田师范专科学校学报，2006(07).

[3]《马克思恩格斯选集》第二卷[M].北京：人民出版社，1972.

的教育的守望者。我们可以认为，任何教师的任何教育行为，都受教师个人化教育观念的影响。教师的个人教育观念不但可以指引着教师做出特定的教育行为，而且是教师评判他人教育观念和教育行为的评价标准。

二、教师个人教育观念的特征

特征通常指事物的本质属性，也是某一事物区别于其他事物的特别属性。对教师个人教育观念特征的描述就是指出教师个人教育观念与其他人的个人教育观念的区别。我们认为，教师个人教育观念的特征主要表现为个体性、内隐性、情感性、相对稳定性、情境性与开放性、实践性、非一致性以及外在表现的复杂性等方面。

（一）个体性

个体性是教师个人教育观念的首要特征。教师个人教育观念总是教师个体在教育活动中自我形成的。一个人的认识都是他大脑自己产生的，也就是说他对教育的观点都是自己独特的看法。既然教师的个人教育观念存在着个体性，那就说明每位教师的教育观念都存在着差异，这说明每个人在形成对教育的认识时，都含有个人色彩。同样的，有研究表明不同人在对知识构建时大脑中的思想结构也是存在差异的，即每个人关于教育的"认知图式"也是不同的。因而无论是教师个人教育观念的内容，还是其表现方式都具有个体性。

（二）内隐性

从内容的角度看，教师的教育观念是一个知识系统。波兰尼的缄默知识理论认为，知识不仅包括可以用概念、命题、公式、图形等加以陈述的显性知识，还包括那些个体自己意识不到或者只是模糊地意识到，但"不能通过语言进行逻辑的说

明，不能以规则的形式加以传递，也不能加以批判性反思"的缄默知识。据此分析，

教师的教育观念就不仅包括用言语表达的部分，如他们学习并接受的解释教育现

象的概念和理论，他们在生活经历和日常工作中有意识地总结和积累起来的教育

经验等，而且包括他们通过无意识的内隐学习所形成的关于教育的缄默知识。

(三)情感性

主观认识的形成并非是对客观现实的"镜面反射"式反映，而是认识主体在

其本人"先验"与"前设"基础上对客观文本的"阅读"。[1]这种"阅读"就要求教师

首先要对教育有强烈的积极性，这样教师才有持续下去的决心。这种"阅读"的过

程就是"视界融合"的过程，而这种"阅读"的结果就是教师关于教育的某些个人

看法的形成。而且教师形成什么样的教育观念就决定着教师做什么样的选择，从

而促使教师有一个主观判断的过程。在一定的教育实践中形成该类教育观念而没

有形成其他教育观念正是因为情感中的某种"偏爱"。此外，观念的情感性还体现

在其他方面，比如有的时候教师形成的一些个人教育观念并不能在现实中付诸实

践，但是他们心中还是存有这种观念和理想，这种理想便能促使教师在现实情况

中不断努力地走下去。

(四)相对稳定性

教师的教育观念还具有相对稳定性，也就是说，一个教师的教育观念一旦形

成，那么就很难再有大浮动的改变。他们更愿意固守自己头脑中所存有的某种观

念，甚至有时候会排斥外来的一些新的教育观念而固守自己头脑中的旧教育观念。

但是有研究进一步表明，这种坚持并不是绝对的，在某些特定情况下，教师的个

---

[1]高潇怡、庞丽娟.论教师教育观念的作用[J].教育科学，2003(04).

人教育观念也会发生一些变化。比如某些关键的人的出现或者某些重要的事的发生，都会对教师的个人教育观念产生一些重大影响，这种现象在实践中也会很常见。除此之外，教师个人教育观念的相对稳定性还在于，教育的客观现实每时每刻都在发生着变化，那么教师对这种客观现实的主观认识，即教师的个人教育观念也必然会随着客观现实的变化而产生变化。

（五）情境性与开放性

许多实证研究表明，教师的一些个人教育观念总是和一些特定的实际情境联系在一起从而储藏在记忆中的，这种方式保存的教育观念决定了教师个人的教育观念更可能是情境性的运用。比如说在某些特定的情况下，一些教师基本上就是通过直觉采取某些教学行为。因此如果我们脱离了情境而讨论某个人的教育观念将会毫无意义。与此同时也会让我们知道，如果某些时候我们根据个别的教育行为来断定教师的个人教育观念可能就会有失偏颇。因此正是这种情境性使得教师个人教育观念具有一些开放的可能，也就是说一个人的教育观念很容易和现实中的其他情境建立新的联系。其实教师的教育观念是存在着一定的开放性，因为我们是生活在社会群体中的一个个体，我们要接触社会，在社会中形成我们的教育观念，就必然会不断有新的观念触及我们的头脑，从而不断改变着我们的教育观念。

（六）实践性

教师个人的教育观念不但要在实践中形成，同时又是关于实践的，并且最终还要指向实践，因而实践性也是教师个人教育观念的主要特点之一。简言之，教师个人教育观念是教师在教学工作中慢慢形成和不断发展的，是通过以教育实践为

基本功之十六　教育观念的树立

平台形成的。其次，教师个人教育观念的内容主要关联的是教师在实践中所发现的具体问题和解决问题的方法，不同教师的个人教育观念反映的就是教师面对的教育实践的状况以及需要，"把握小规模的、特殊的重要问题"。再次，教师对其个人教育观念的明确和发展的主要动力是来源于对自身的教学实践合理性的追求，以至于解决教师教学工作中所遇到的问题，从而应用于实践。换言之，教师个人教育观念在教师以往的经验中凸显出来，在于未来的规划和付诸行动中，个人实践知识自始至终存在于教师的实践过程之中。

（七）非一致性

因为之前也提到了教育观念具有个体性，那么也就说明每个人的教育观念都是不同的，即存在着非一致性，这是不同教师不同教育观念的横向比较。那么在同一位教师的教育理念的系统内部各要素之间也存在着非一致性，这是同一教师教育观念的纵向比较。教育观念系统内部的各要素可以看成是教师对教育的不同方面的不同认识，这些认识是在不同条件与情境中形成的，有的时候甚至相互冲突。在实际工作中，我们经常会发现一位教师所持有的学习观是"儿童的学习主要是通过他们自己的活动来进行"，而对教师这一角色的认识却是"教师主要是给儿童传授知识的人"。这实际上是两种不同概念的认识，不同概念的教育观念同时存在于同一教育观念体系中，并共同地对教师的教育行为产生作用，这就是教育观念的非一致性。

三、教师应树立怎样的教育观念

（一）树立学生主体主动发展的观念

学生是教育的主体，这个问题毋庸赘述，但对主体作用的具体体现——学生主动发展必须要有充分的认识。[1]新课程标准下教师是学生学习的合作者、参与者、引导者。21世纪是信息网络时代，学生很容易从学校外部资源中获得信息和知识，教师角色不再主要是信息和知识的传播者、讲授者，而是学生学习的合作者。因此教师要努力帮助学生确立适当的学习目标，指导学生形成良好的学习习惯，为学生服务，建立良好融洽的课堂气氛。作为学习的参与者，与学生分享自己的感情和想法，和学生一道寻找真理，能够承认自己的过失和错误。作为学习的引导者，鼓励学生发展自我思考与自我决定的能力，以发现式、探究式开展教学，从而引发学生无限的学习潜能。让学生成为学习的主体，使得他们在学习中能够积极主动地发展。

（二）树立正确的人生观

人们生活在复杂的社会环境中，所经历的事情瞬息万变，总会遇到许多大小各异的矛盾，给人带来烦恼与困扰。这时就必须充分发挥个体的主动积极性，通过自我调节和控制，提高心理健康水平。首先必须树立正确的人生观。它不仅决定着一个人对周围事物的态度，而且调节人的行为、活动方向和进行方式。树立正确人生观，就能够为大众的利益识大体、顾大局，不会为个人得失而斤斤计较，不会陷入"自我中心"而难以自拔；就能够为崇高的理想，以顽强的意志克服遇到的各种困难，不被矛盾所困扰，不向挫折屈服，不为冲突而忧虑，热爱自己本职工作，积极努力作出成绩。实际上，树立正确人生观，也是人们的一种信念。

但是信念对人的作用是不可低估的，信念在人们无能为力时显得尤为重要。教师要树立正确的人生观，只有这样才能给学生一个很好的引导。

[1]李洪.论教师现代教育观念的树立与自身素质的提高[J].辽宁教育行政学院学报，2003(07).

基本功之十六　教育观念的树立

（三）树立新的知识观

有句俗话说得好，一名教师如果想要给学生一碗水，那么首先自己得有一桶水。这个比喻恰当地指出了教师应该具有比学生渊博得多的知识，只有这样才能很好地把自己的知识传授给学生。教师要不断地充实自己的知识，要全面提高适应素质教育的业务能力，不单单要掌握自己所教学科的基础知识，同时还要掌握相应的教育类知识，如教育心理学、教育研究方法等。只有做到具备宽广厚实的业务知识和活到老、学到老终身学习的自觉性，才能成为一名合格的教师。同时，教师也要研究系统的学科方法论，这是每一个教师的工作需要。如学科教育中的理论问题，学科知识的学与教，学科技能的训练和掌握，学科改革的方向，如何迎接知识的挑战。大胆改革人才培养模式和教学方法，更新教学内容，在教学实践中不断探索和总结，推广先进的教育教学经验、成果。

（四）提高自身素质

1. 教师应具备广博的知识

当今各个学科之间是相互渗透的，如数理化之间、政史地之间、自然科学与社会科学之间，教师必须在精通本学科知识的基础上，扩大自己的知识面。教师一方面贡献出自己的东西，另一方面又像海绵一样，从生活中和科学中汲取一些优秀的东西，然后再把这些优良的东西奉献给学生。现代科学技术的迅速发展，新知识迅速反映到教学内容中来，教师必须具备比较渊博的知识。教师具有渊博的知识和创新精神，对于塑造学生的灵魂、培养学生的理想、发展学生的智力、开拓学生的视野，起着非常重要的作用。如果教师没有广泛而丰富的现代科学文化知识，没有还学生主体地位，没有放下教师高贵身价，没有建立民主、平等的师生关系，就不能满足学生的求知欲望，甚至会扑灭学生求知的火花。又何谈素质呢？

2. 教师要具备教育科研能力

教育科研是当今教育发展的第一生产力，教师要把教育科研看成是一项富有创造性的工作。教师要能用现代教育理论来指导自己的工作。要善于从教学实际出发，进而展开研究，并不断地做反思和总结，从而努力探索出教育教学的各种规律，通过教育的科学推进科学的教育。学校也要努力营造以科研为导向的气氛，校长要不断鼓励教师培养教育科研能力，使得教育科研成为教师常规化、普及化的行为。这样不断发展教师的教育科研能力，使得教育科研能力成为创新型教师的基本素质。

3. 教师应具备教育学、心理学知识，精通素质教育的方法与艺术

教师应具备一定的教育学和心理学知识并不是从渊博的学识这一角度去要求的，而是从教育的对象——人，这一特殊的对象来要求的。人不是一般的机器和其他物质，而是有思想有意识、有创新能力的特殊对象。人的心理变化是很微妙的，如果教师不懂心理学的话那么就会很难捕捉学生内心的想法。因此作为教师应掌握教育学是教学方法的要求，而精通心理学则是教育主题的特殊需要，只有精通教育学和心理学才能体现教育尤其是素质教育的艺术性。

当代世界各国综合国力的竞争，其实就是人才的竞争，而人才的培养恰恰又依附于教育，因此中小学教师是否树立现代教育观念是影响基础教育改革与发展的最主要因素。改革开放至今，各行各业都在不断向前发展，教育行业也毫不例外，在不断的摸索中前进着并科学地发展着。作为新一代的教育工作者，树立现代教育观念是教师素质的主要体现，同时也是教师落实教育改革措施的重要内容。

(1)教师树立现代教育观念是当代教育发展的必然

教师必须要树立现代教育观念，首先来自于新时代和新形势科学发展的需要，当今时代科学技术突飞猛进，国力竞争日趋激烈，教育事业从来没有像今天这样与国家的安危、民族的兴衰息息相关。[1]新课程改革要求我们转变教育观念，转变传统角色，树立起学生为本的教育观、学生活动的教学观、平等民主的师生观、发展全面的评价观，这才能促进学生主动、全面而有个性地发展。如今，教育在培育民族创新精神和创新能力方面，肩负着重要的使命，我们在教育改革的趋势下必须要去除那些影响学生进步发展的落后陈旧的教育观念，特别是要转变由教师单向灌输知识，以考试分数作为评价学生优秀与否的唯一标准。要把原有的"教给学生知识"转变为"教会学生学习"。目前我们尚有不少教师教育观念陈旧，呆板守旧，这种情况亟待解决。再次，由于社会竞争的压力越来越大，家长都希望孩子得到更好的教育，他们不但关心孩子的成绩，也同样关心孩子的能力培养，家长的期望越高，意味着对教育要求越高，教师的责任更重，更新观念的任务就更加紧迫。

(2)教师树立现代教育观念是提高教师素质的核心

如果一位教师没有先进的教育思想，那么就不会有教育热情，就只能做一个"传声筒"。现代教育观念是教师自身素质的核心，它指明了教师教育工作的方向，是塑造教师形象的主要因素，是提高教师科学发展观的必然条件。教师必须终身学习并不断地充实自己，提高自身的素质，如果做不到这一点，那就不可能有一个好的教育观念。在新的课改形势下，教师单凭经验、单靠教参已无法适应教学和学生。这要求教师要树立终身学习的观念，孜孜以学，苦练内功，增加自身积累。学习现代教育理论与技术，提高自身综合素质，同时建立民主平等的师生关系，创造性地把握和处理教材，创造性地开展教学活动。摒弃过去那种只埋头教学，不

---

[1]李绍珍.教师应树立现代教育观念[J].黔西南日报，2009(08).

抬头看路的费力不讨好的做法，不断研究新课程、研究学法，努力实现由教书匠向科研型教师的转变。应该把学习看成一个"工程"，一生的学习工程，围绕学习内容订周期性计划，系统学习，应该有蚂蚁啃骨头的精神。切记，天天是学习之时，处处是学习之地，人人是可塑之人。

(3)教师树立现代教育观念是学生心理健康的需求

社会在不断发展中推动着教育改革的不断深化，青少年的心理健康问题也逐渐引起社会的广泛关注。如今人们都会认为，健康已经不单纯指身体上的健康，更重要的则是心理上的健康。因此作为一名教师，要在关心学生的学习和身体上的健康的同时，进一步关心学生的心理是否健康，让他们得到全面健康的发展。目前，中小学生的心理健康问题越来越多，青少年犯罪现象也逐渐增多。学校和家庭以及社会都不能忽视对学生心理健康的培养。不同年龄段的学生心理又存在着个体差异性，因此教师要树立现代教育观念，对不同年龄的学生进行不同方面的心理教育，从不同学生的各种情况入手，用心理学中的理论知识联系每个学生的实际情况，用现代教育观念和心理教育的方法，对每位同学施加积极的影响，提供正确的引导，以维护学生的心理健康。

总之，树立现代教育观念是教师的立教之本，正确的教育观念会引导教师向好的方向发展，是教师不断行走在教育之路上的指明灯。因为社会发展和个人发展总是相互促进、相互依存的，为了国家的根本利益，为了人民群众的根本利益，在新形势下我们每个教师都应该有一种紧迫感，要使自己的教育思想与教育行为符合现代教育规律和时代发展趋势，要使自己成为能够面对新世纪多方面挑战的优秀教师，首先必须重新审视自己，重新认识自己，对教育观念问题有一个全面正确的认识，摒弃陈旧、落后的教育观念，重新构筑教育观念的新体系。

基本功之十七　校本教研理论指导

基础教育课程改革发展至今，不仅给学校和教师队伍注入了新的教学理念和活力，也为学校的可持续发展和教师的专业化发展提出了新的要求。随着改革的深入，教师的素质成为新课程改革顺利进行中一个重要的制约因素，而校本教研正是应学校和教师的科学发展而如雨后春笋般萌生并成长之物，它适应了基础教育改革发展的时代需要，形成了与课程改革相适应的全新的教研方式，已经成为教师基本的学习方式和专业发展方式。

一、校本教研的概述

"校本研究"是随着"校本"一词发展而来。而"校本"是一个外来的概念，在西方的教育历史发展进程中有着悠久的历史渊源，具体形成一种理论和实践范式则产生于上世纪中叶前后英美等国家兴起的"校本课程运动"。可以理解为以校为本或学校为本。我国的校本研究起步较晚，直接动因是1999年召开的第三次全国教育工作会议对校本课程的规定。

(一)校本与校本教研

1. 校本

校本即"以校为本"，是近年来国内外流行的一个教育理念，以校为本是当代基础教育改革的走向之一。校本的含义可以概括为三个方面：为了学校、基于学校、在学校中[1]。为了学校，主要是指以改进教育实践、解决学校所面临的问题为指向，学校自身要成为发展的中心和根本，学校的一切办学和改革措施都要有利于学校自身发展；在学校中，指要树立一种观念，即学校自身的问题，由学校众人来解决，要经由学校校长和教师的共同探讨来解决，所形成的解决问题的方案要在学校中进行有效实施；基于学校，指所组织的各种培训要从学校的实际出发，所展开的各类研究、所涉及的各门课程等都应充分考虑学校的实际，挖掘学校存在的种种潜力，充分利用学校资源，让学校的生命活力释放得更彻底[2]。概言之，以校为本就是要求将传统意义上的国家和政府部门的各种权利，彻底下放到学校，使教师、学校、家长、甚至学生都能够具有更大的自主空间，根据学校的特色和自身的需要，自己决定学校的各种事务[3]。

2. 校本教研

"校本教研"是"校本教学研究"的简称，目前见诸文献资料的定义不下十几种，但基本可以理解为"校本教学研究"是教师为了改进自己的教学，在自己的教学中发现问题，并通过自己的教学过程汲取他人的经验。为了教学，是指校本教研的主要目的是改进，并解决教学中的问题，提升教学效率，实现教学的内在价值；在教学中，是指校本教研主要是研究教学之内、教室之内发生的问题。由此可见，校本教研工作源于学校，还与教师密不可分。在这里，学校是主要场所，教师是主要行为主体。校本教研作为以校为本理念中的一个重要方面，已成为教育改革的

[1]陈平.校本研究 制度为本[J].中国教育学刊，2003(09).

[2]余文森.论以校为本的教学研究[J].教育研究，2003(04).

[3]辛继湘.校本教研：教师自主如何成为可能[J].中小学教育，2004(08).

基本功之十七 校本教研理论指导

一个新亮点。总结来说校本教研是一种学习、工作和研究三位一体的学校活动和教师行为，不仅是一种教师专业活动，也是理论研究提升过程[1]。

(二)校本教研的基本要素

开展校本教研是促进教育教学质量提高的有效形式。福建师大余文森教授认为，教师个人、教师集体、专业研究人员是校本教研的三个核心要素，他们构成了校本教研三位一体关系[2]。教师个人的自我反思、教师集体的同伴互助、专业研究人员的专业引领是开展校本研究和促进教师专业化成长的三种不可或缺的基本力量。

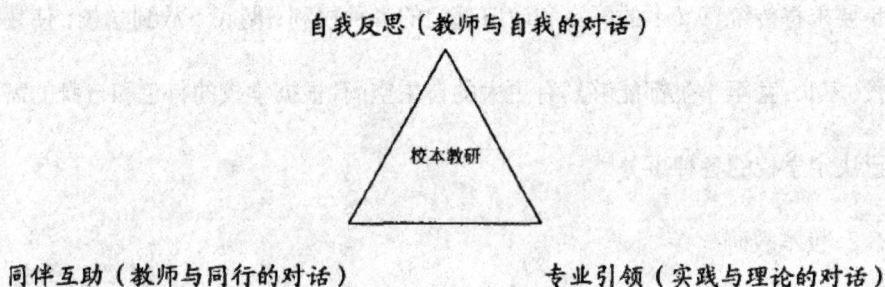

自我反思（教师与自我的对话）

校本教研

同伴互助（教师与同行的对话）　　　　专业引领（实践与理论的对话）

图17-1　校本研究三元素

1.教师的自我反思——校本教研的基础和前提

随着社会科技的迅猛发展，知识更新速度加快，教学内容与对象都在不断地发展变化，教学已经不再是简单的重复性。要适应这些变化，就要求教师根据自己的现实情况，进行自我反思，而校本研究就能有效地进行这一部分。

新课程非常强调教师的自我反思，它是以自己的职业作为思考对象，对自己

[1]胡双成.对校本教研的几点思考[N].中国教师报，2004-12-13.

[2]余文森.校本教学研究新内涵[J].中小学教育，2003(07).

在职业中的行为以及由此产生的结果进行审视分析的过程，是开展校本教研的基础和前提。教师的反思过程可以使教师在整个教育教学活动中，充分地体现双重角色。既是评论者，又是引导者；既是教育者，又是受教育者。因此，教师的自我反思过程，实际上就是将"学会学习"与"学会教学"统一起来，努力提升教学实践的合理性，使自己成为学者型教师的过程。

2. 同伴互助——校本教研的标志和灵魂

校本教研强调教师自我反思，同时也强调教师之间的专业切磋、协调和合作，因此同伴互助的实质就是教师之间的交往、互动与合作。

同伴互助可以使教师共享经验，也为提高教师素质提供了平台。它不仅仅可以是同专业，也可以是跨学科、跨专业的。这种广泛的互助合作，既可以有效地打破学术自囿现象，广泛交流教学经验，同时能锻炼教师的互助合作能力，有利于形成科学的知识体系。互助对话是一种有效的方式，浅层次的对话是交换信息和经验分享，深层次的对话指专业会谈和专题讨论。就校本教研发挥作用的机制而言，自我反思与同伴互助形成一个教师层面的互动交流良好循环，通过反思形成的问题，再由一定的教师集体共同面对，使教师的反思能力和合作能力不断发展，为教师整体水平的提升提供空间。总之，通过这种经验合作与交流，同伴之间吸收有效经验，可以实现教师群体共同发展。

3. 专业引领——校本教研向纵深可持续发展的关键

所谓专业引领，本质是理论对实践的指导。从教师的角度讲，加强理论学习并付诸于实践，努力提高科学素养，是教师的必由之路。而作为专业人员，新课程背景下，也面临着如何把理论优势转化为实践优势的使命，面临着如何转变自己的职业角色和工作方式的挑战，以便于更好地发挥指导、研究、鼓舞诸多功能的崭新课题。

当然，校本教研是在"本校"内开展的，即围绕着本校教育教学中最需要解决的实际问题而进行的，因此它不仅要依靠校内的力量，还要依靠专业研究人员的力量。主要包括教研人员、科研人员和大学教师。同一线教师相比，他们的长处在于能够系统地论述教育理论。

实践反思、同伴互助、专业引领三者相对独立又相辅相成、互相补充、互相渗透、互相促进，只有充分发挥三者的作用并注重相互间的整合，才能有效保障校本教研的顺利实施。

(三) 校本教研的基本模式

学校是进行教育活动的地方，是教育改革的基点，教育的中心和灵魂在学校。那么校本教研模式究竟有哪些呢？校本教研模式即学校为了实现既定的教育教学目标或是解决教学中的实际问题，进行前端分析、方案设计，选择某种行动研究方式实施教研策略，并进行形成性评价和终结性评价的系统过程。国内校本教研的模式主要有下面几种：

1. 基于问题的校本教研模式

这种模式是以教学中遇到的实际问题为对象的，是学校中最常见的一种模式。多是教师查找资料，并与同事交流讨论，或咨询专家，从而提出问题的解决办法。这种模式的优点是针对性强。

2.案例教学式

这种模式是以几节同一教研主题的公开课例为主，开展一项研讨的活动。研讨内容包括：执教教师阐述教学设计思路；学科教师交流讨论公开课例的体会和困惑，并对此进行点评；集体反思课例以及评估教研活动。这种模式的规模一般要比"基于问题的校本教研模式"大且正式。

3.课题研究式

课题研究式校本教研模式是指根据教育教学中的问题确定研究课题，并据此划分课题研究小组，小组成员在研究过程中共同承担研究任务，互动合作中实现发展，研究取证中提高自我[1]。它是教研与科研有机融合的教研活动形式。当今中小学都承担这一课题，而课题是否能有效落实到学校中仍值得商榷，并且部分学校的成功"课题研究式"充分彰显了这一模式对于学校和教师发展的重大意义，故这一模式有待全面深入发展。

4.网络教研式

伴随着通信技术和计算机技术的迅猛发展，数字化校园建设对校本教研也产生了影响，网络教研应运而生。网络教研模式是指利用通信技术、计算机技术、网络技术构建教研物理平台，改造传统教研模式，开创多主体、跨时空、低成本、高效率的教研新途径，是物理形态的校本教研与虚拟形态的网络教研相互促进、互补共生过程中所衍生的教研模式。网络教研活动主要通过网上论坛、Blog、QQ群，或将以上交互工具结合使用来实现。

以上是校本教研的几种主要的模式，各个模式之间并不是相互独立的，而是

[1]吴永军.校本教研：新课程的教学研究制度[J].江苏教育，2003(11A)：33-34.

基本功之十七 校本教研理论指导

在实际的使用过程中相互穿插共融的。对于校本教研模式还有很多学者提出了自己的观点，有的侧重于目标，有的侧重于过程，有的侧重于方法，各有千秋。

二、山东师大附小开展校本教研活动案例分析

从理论上剖析校本教研的目的、意义和内涵，能够高瞻远瞩，把握实践方向，为教育实践提供理论依据，然而这仅仅是静态"纸上谈兵"，问题不能简单化。实践是复杂的，其中也有许多无法预计的干扰因素，因此，研究校本教研更重要的是深入一线，在实践中动态检验理论，才能正确把握校本教研的实质。

本书选用了山东师大附小进行校本教研实地考察的案例，具体说明校本教研的优越性。

(一) 山东师大附小的校本教研实施情况调查统计

山东师大附小是山东师范大学的附属小学，是省属重点小学，有50多年的办学历史，有较高的办学声誉，因此，在引进师资与吸引生源方面有着得天独厚的优势。

调查主要是围绕教师对于校本教研活动的期望与开展校本教研活动的主要困难两个方面展开。先对一部分教师进行了访谈调查，针对问题的设置，与导师以及多名硕士研究生进行了反复的探讨，并根据他们的意见进行了适当的修正，再进行小范围的试测。同时，还根据试测的结果以及被试人对问卷所提出的宝贵意见进行再次修改，并最终确定。整个过程严格遵循科学问卷制定的方法和步骤，符合社会学调查要求。

调查结果如下:

表 17-1　关于对校本教研内容的期望

题项	支持该项内容的比例（%）	不支持该项内容的比例（%）
教学管理	27.6	72.4
课堂教学	67.2	32.8
学科知识难点	41.8	58.2
教育理论	19.4	80.6
学生学习问题	37.2	62.8
学校发展问题	4.9	95.1

统计表明,广大教师最关注的是课堂教学问题,而对于学科知识难点及学生学习问题也表现了较高的关注度,希望学校开展校本教研活动,选择与自己教学工作密切相关的内容,但他们更为关心教学当中的实际问题。不同职称、工作年限、学校类型以及学校所处地理位置不同的教师对于校本教研内容的需求还存在一定的差异。

表 17-2　开展校本教研的主要困难

类别	评价机制不相适宜	校长不支持	教师自身水平有限	来自家长等社会因素的压力	没有可参照的范式	其他
人数	18	0	30	13	48	0
比例	16.5%	0	27.5%	11.9%	44.0%	0

由此表可以看出,学校实践校本教研的时间并不长,"没有可参照的范式"就

一定程度上成为了阻碍教师实践的思路，带来了改革不彻底的问题，如教研制度改革力度不够，给予教师的自主权没有真正落实，教学研究活动随意而缺乏实效等。而学校、社会、学生、家长对教师期望要求较高，教师普遍感到工作压力较大，也成为实行校本教研工作的主要困难，由此导致教育教学事务性工作较多，教师真正潜心研究教学的时间和精力较少。

（二）山东师大附小调查结果分析及缘由追寻

1. 校本教研立足点在于学生发展，而教师从中获益最大

一线教师认为校本教研出发点与归宿是为了学生的发展，而教师却是校本教研的最大受益者。显然，这是一个悖论。校本教研目的是为了学生发展，教师站在自身的立场，认为校本教研是旨在提高教师自身教学水平，虽然这也是校本教研的目的之一，但是却在一定程度上忽视了促进学生发展才是根本目的。教师教学行为改善是为了促进学生更好地成长，我们倡导校本教研良性发展的道路，其本质就是促进学生的发展。因此，学校校本教研应该要紧紧围绕"为学生奠基，促进教师专业持续发展，促进学校持续发展"的目标。

2. 学校层面——没有可参照的范式

问卷中普遍反映，学校在实施校本教研过程中，常常没有可参照的范式，阻碍了校本教研发展进程。被调查对象中，有一位教科室主任认为，当前开展校本教研的主要困难在于"中小学缺乏适合自身特点的研究范式制度，并且迄今没有一个学校的实践能让人信服"。其次，"评价机制不相适宜"、"教师自身水平有限"以及"来自家长等社会因素的压力"也是实施校本教研的主要困难。

3.教学研究的知识准备不够

教师进行教学研究需要的知识主要有两个方面：一是教师从事教学研究所需的教育学、学科、心理学等方面的专业知识；二是教学研究方法知识。据调查访谈中了解到，教师对于教育学、心理学等基础学科的知识认识是很有限的；对教育科研方法也比较陌生，大多仅局限于文献法，很少采用实验、问卷调查等，对于研究对象、现象的分析主要局限于定性分析，定量分析却很少。

三、校本教研总结与展望

（一）实施学校校本教研的优点

校本教研制度的建立对教师更新教育教学观念、完善教育教学行为、提高实施素质教育的能力和水平具有积极的推动作用[1]。教师们在反思中学会了思考，建立了问题意识；在同伴互助中，学会了交流与合作；在专家和教研员的引领下，提升了研究问题的能力与水平。校本教研的实施很大程度上推动了学校发展、促进了教师专业化成长。

通过以上校本教研实践调查与结果反思，总的来说，在学校中实施校本教研的优势如下：

1.具有良好的教研机制

教研机制是学校顺利进行校本教研的根本保障，是进行教研活动的基础平台[2]。学校的教研机制有着良性的构造，组织机制权责清晰，上下沟通和平行交流流畅，能够坚持组织机制的平等性、开放性。此外，学校激励机制也很有效，能通过创设

[1]吴永军.校本教研：新课程的教学研究制度[J].江苏教育，2003(11A)：33-34.

[2]朱小蔓.教育的问题与挑战——思想的回应.南京：南京师范大学出版社，2000：337.

基本功之十七 校本教研理论指导

浓郁的校园教研文化来熏陶教师的研究风气，通过相应的外在激励制度敦促教师开展教研活动。学校的评价机制注重形成性评价和终结性评价的有机结合。

2．具有浓郁的教研文化

学校的教研文化是真正影响教师教研的因素。学校浓郁的教研文化、教研风气能促进教师积极地进行教研。教研现在已成为常态化的学校教育教学活动，它也会激励教师学习，并更好地为教学服务。

3．能够团结教师队伍

如果教师队伍是学校教学、科研的根本力量，那么团结的教师队伍就是在校本教研之旅程上稳步前行的正规军。教师队伍团结才能在校本教研中积极地交流，才能共享宝贵的资源，才能有效地开展校本教研，才能在任重道远的教育教学事业上相互扶持前进。

4．培养英明的管理阶层

一个好的领导者，要比一千个有才干的职工更重要。校长作为学校的最高领导者，是学校教育教学科研的第一负责人。因此校长的管理思想影响着学校的管理基层，校长的教育教学思想同样能够影响学校的全体教师。校长的校本教研理念也就直接影响着学校整个教研运作系统。

（二）如何完善校本教研制度

1．引入学生反馈制度

引入学生反馈机制之后，校本教研由专家、教师、学生三个层面组成，学生也是开展校本教研活动的源头，教师要通过与学生沟通互动得到有效反馈，进而促进学生发展，也提高自身素质。同时，学生的需要也是一个重要的衡量指标，教师通过学生的需要，获得信息反馈，再通过同伴互助最终解决问题。

2.教育行政部门区域性鼓励推进校本教研

教育管理部门首先要充分发挥其在工作规划、教师培训、部门协调、经费保障、过程监控及资源统筹和督导评估等方面的组织、指导和管理作用。教育管理部门要充分给予学校以宽松的环境，给学校以充分开展校本教研的时间和精力。教研部门主要任务就是研究与指导、帮助与协调，教研员与教师的关系不再是上下级的关系，而是伙伴关系。只有教育部门大力宣传推进校本教研，学校才能做到具体落实。

(三) 学校校本教研展望

学校是进行教育活动的地方，是教育改革的基点，教育的中心和灵魂在学校。以前我们更多关注的是教育和教育改革本身，而忽视承担教育和教育改革任务的学校，以至于难以达到预期的目标。

以往，教育教学课题通常是在高等师范院校中提出成长的，也因此往往脱离一线教育实际，成为空中楼阁，在象牙塔中自生自灭，造成课题资源的巨大浪费。教育教学课题亟待走出象牙塔，来到基层进行实践。这无论对于课题本身，还是基层学校，甚至整个教育教学发展都是大有裨益的。

基层学校教育对于教学实践绰绰有余，但理论素养尚不完善；高等师范院校理论素养有余、实践不足。此两者在资源、优势方面正好互补，通过合作的方式，高等师范院校指导基层学校教育教学，基层学校同时提供给高等师范院校以实践理论和创新理论的空间，从而更好地为教育教学实践服务。

新课程的深入推进和广泛实施，向教师提出了全新的挑战和要求，教师应是学者、研究者、教育家，而校本教研作为一种全新的教育理念及教研方式，为整个师资队伍专业素质的全面提升和教学水平提高提供了很好的平台，人们也越来越感受到校本教研的巨大魅力以及它对提高学校、教师发展发挥的积极作用。

有效的实施校本教研的对策，首先不仅学校要增强全体成员的教研意识，更要求强调教师的主体性意识、校长的责任意识和教师之间的合作意识；其次要建立健全校本教研制度，优化各种规章制度，为校本教研的顺利开展保驾护航，再者要丰富校本教研形式，针对不同的教师群体要有针对性和目的性开展丰富多彩的教研活动，以提高教师参与的积极性和兴趣；最后要不断完善校本教研的评价体系，以达到营造和谐校园文化、共同构建学习型学校组织的目的[1]。

我们惊喜地看到，当前的校本教研确实给学校可持续发展带来了无限生机和活力，提升教师的教学能力和教研员的素质的同时，实现了教育的优化和优质资源共享，也提高了学校的整体办学质量。但同时也有一些尚待解决的问题，随着新课改的全面推进，校际之间、城际之间的沟通并非我们想象的那么顺畅，多数地区教育思想封闭、墨守成规，使得培养出的学生创新能力和综合素质欠缺。我们呼唤新的教育理念能照耀到每一寸土地，而这片土地上的教师们也同样要逐步改善自己的实际教学行为。实施落实校本教研理念，既适应教师改善教学效果的内在需要，又有利于监控学校有利进行教研活动。并且校本教研在未来将会成为一个可持续发展的循环系统，保证校本教研的有效性，从而使教师专业化程度不断得到提升，学生也自然成为其中一个重要的受益群体。

[1]吴刚平.校本教学研究的理念与意义[J].人民教育，2003(05).

基本功之十八　教育科研方法研究

教育科学研究方法是指在教育科学研究中，为达到研究目的而采用的途径、手段和工具的总和。教育科学研究方法是完成教育科学研究任务的"桥"和"船"。方向和目标定了，方法就起着决定性作用[1]。

教育研究离不开科学的方法，而研究教育科研方法的规律性本身又是教育科研的重要内容。开展教育科研方法的研究，发挥科学研究方法在科学发现中的重要作用，是一项有深远意义的刻不容缓的任务。

一、教育科学方法研究概述

（一）教育科研常用方法分类

不同特点的研究课题，其研究方法也有独特的个性，教育科研的方法如果要细分的话，就有许多种，不过在方法论研究中，一般总是先对具有某些共性的研究方法归类后，再进行探讨[2]。可是，教育科研方法的分类标志并不统一，有的按研究资料的收集手段分，有的按研究的目的、资料的处理来分，也有的按研究问题的性质来分。包括观察法、调查法、文献法、经验总结法、行动研究法、实验法、个案研

[1]陶春晖、文结.北京市"八五"教育科研成果集[M].北京：京华出版社，1988.
[2]陆树林.基础教育科研探新[M].武汉：湖北教育出版社，1997.

究法、比较法、历史法、预测法、测量法、统计法及内容分析法等。为了与较普遍的分类法相符，又考虑到我们的教育科研是着重在改革教育、教学现状的应用方面，因此选择比较概括和实际的分类法，即分为调查法、观察法、历史法和实验法。

1. 调查法

调查法是教育研究中运用得最多的方法。虽然调查法是以研究当前的事实为对象，由于调查研究不必在教育现象发生的同时进行，所以研究的范围可大可小，可以研究牵涉时间比较长的教育现象。研究者能够根据课题的要求和具体条件，选择谈话、问卷、测验、书面材料分析等多种不同手段去间接地收集全面反映客观现象的资料。现在，研究者不但采用研究各种教育现象的现状研究法和研究儿童发展的发展研究法，还常采用区别研究法，研究教育现象之间的相互关系的紧密程度，或把两组可供对照用的调查结果进行科学的比较，分析结果，由果溯因，以提高研究成果的价值。实践反映出调查法在教育研究中使用的广阔性和复杂性。

2. 观察法

观察法是对教育现象的自然发展过程，通过直接的观察来收集反映实际情况的研究材料。但是，这只有当研究者能够直接接触研究对象时才能进行，并且往往局限于了解事物表面的现象，不能直接深入到事物的本质，只能观察若干个个体或较小的群体，不易看出规律。所以研究者一般只将观察法运用于研究课堂教学过程、学生课外活动、儿童的生理心理活动表现于外部的形态等方面。

3. 历史法

历史法是对文献史料进行研究的方法，偏重于理论的研究。研究者通过对过去事实的不同形式的记载的研究,分析过去的事物运动形式来认识事物的发展,继承前人的经验和成就,为当今的教育实践和充实教育思想服务。历史法是研究教育哲学的主要方法,在目前的教育社会学、比较教育、教育管理学等研究中也经常被运用。

但是以上方法,包括调查法中由果溯因的研究结果都难以证明某一教育现象的因果关系,因为上述研究方法在收集资料、分析归纳过程中,无法严格确立因与果的逻辑关系。实验法与上述方法的不同点在于研究者准确地确定事物的本质,揭示教育现象的因果关系、验证科学假说是否合乎客观实际等。因此,教育实验研究是教育理论的重要源泉。

(二) 教育科研方法中遇到的问题

调查法、观察法、历史法和实验法都是收集感性资料的方法,当然我们在研究中还要结合分析、综合、演绎、归纳等方法,通过认识的理性阶段——概念、判断和推理,对研究的问题做出理性的解释,才能达到认识和揭示教育现象的本质与规律性。不难看到,科学的方法不等于可以适用一切场合或研究一切问题,各种研究方法都有自己特殊的适用性和局限性。客观事物的错综复杂,要求善于按照教育研究的具体对象、任务、要求和条件,把各种研究方法配合起来使用,以便取长补短,尽可能完善地达到研究的目的[1]。

除此之外,还需要看到,当前各种研究方法又带有总的局限性,表现在实施上述方法研究现实的教育问题时,存在着一定的困难。

1. 观察和测量困难

因为大多数教育现象无法直接观察,通过人的感官来辨识的能力很有限,而

[1]辛理、龚如义.中小学教研与科研[M].伊犁:伊犁人民出版社,2000.

测量的标准和定义也不完善。

2. 随机抽样困难

一般来说教育研究对象的总体十分庞大，无论实验还是调查、观察，进行取样研究的对象只能是很小一部分，而且这部分样本也很难做到随机抽取，往往依条件许可的范围取，造成实际样本的代表性差。

3. 实施实验困难

首先是有关青少年犯罪、学生近视现发病率高等教育中失败或失误的问题，一般不能不顾道德地采用实验进行研究；其次是影响教育效果往往是多种因素的综合作用，因此无法严格控制实验条件；三是现在较多的是单因素的实验处理方法，把单一因素与整体割裂开来，所得结论的价值下降，而多因素的实验设计难度大，实验周期一长，进行时困难重重。严格地说，目前进行的教育实验还处于准实验研究阶段。

(三) 教育科研方法研究的原则

仅用一种方法要完成好一项科研项目是很困难的，可以考虑采用一组方法，根据研究的过程将这些方法灵活运用、综合实施。

1. 理论研究与实证研究相结合的原则

任何一项改革或研究都不能离开理论的指导，理论研究既可以帮助我们更好地明确研究的假设，构建研究的具体框架，又能帮助我们在搜集信息数据的基础上进行概括和提高，揭示教育的规律。得出的教育理论是否合理，教育科研成果是否可靠，必须让教育实践来回答。因此，教育科研工作者一定要树立一种意识，即让实践去检验理论或结论，在研究过程中注重理论方法与实证方法的结合。

2.定性研究与定量研究相结合的原则

定性研究和定量研究是按研究分析方法区分的。定性研究的过程本质上是一个归纳、分析的过程，其主要目的是为了揭示教育现象，从特殊情境中归纳出一般性结论[1]。如调查研究中的访谈法、实证研究中的经验总结法、历史研究中的文献法等大多属于定性研究。定性研究并不强调在初始研究时对一项研究的问题有明确的理论基础，往往一个理论可以随研究的进程逐渐形成或改变。定性研究一般可在自然情境中进行，强调过程的作用，注重整体探究。

定性研究认为事实和价值无法分离，常常以一种方法为主，多种方法为辅，在研究中灵活运用，包括确定研究对象、陈述研究目的、提出研究问题、了解研究背景、构建概念框架、抽样收集资料、撰写研究报告等，并用文字叙述和描述现象[2]。定性研究所得的结论往往只适用于特定的情境和条件。定量研究往往有研究假设，如实验法强调标准的研究程序和预先研究设计，在研究过程中更多注意个别的变量和因素，而不大关心整体作用。

3.群体研究与个案研究相结合的原则

在教育一线从事科研活动，如果离开生动而追求抽象，那就是典型的扬短避长[3]。事实证明，教育实际是复杂的，再好的理论应用于实际，都有一个从群体到个体、从抽象到具体以及联系实际研究和转化推广的过程。不同特点和不同性质的研究课题，对研究对象的要求不同，选择的方式方法也不相同，但不论哪方面

[1]徐学俊.教育科研方法新编[M].武汉：武汉出版社，2003.

[2]施铁如.学校教育科学研究[M].广州：广东高等教育出版社，1998.

[3]王坦、张志勇.现代教育科研：原理·方法·案例[M].青岛：青岛海洋大学出版社，1998.

基本功之十八 教育科研方法研究

的研究，在选择研究对象时，都应兼顾群体与个体的关系，因为这关系到研究的效率和研究的信度与效度。

4.描述性研究与干预性研究相结合的原则

描述性研究即对客观事物予以考察，努力反映其客观状态，回答是什么、为什么、怎么样的问题。描述性研究不试图对客观事物施加可能引起改变的影响，但它最终要为以后是否改变和如何改变客观事物提供必要的思路。要弄清现状、分析成因，虽然不会将改变现状作为主要目标，但必须对各种问题做出回答后提出解决这些问题和现状的设想与思路。

5.历史研究、现实研究与发展研究相结合的原则

在教育科学研究中，研究者所选择的课题应当是前人未曾解决或尚未完全解决的问题，即使别人已经研究过，但也应从本单位实际出发，重新调整研究角度。低水平重复劳动不仅失去了研究探索的价值，也造成了人、财、物的浪费。因此研究应与本身所具备的条件和已有的基础相一致。同时，一定要从学校实际出发，抓住一个主导性课题深入研究，形成一个个序列和专题，所取得的成果就可能比较丰富，易形成学校的科研特色[1]。

在选择科研方法时，历史研究可采用文献法、调查法、经验总结法；现实研究可采用实验法、行动研究法、质的研究方法、调查法等；发展研究可采用观察法、比较研究法、图示法、列表法、归纳法等方法。不管采用何种方法，研究者在这一阶段都应有明确的研究方法和目标，同时尽可能将研究的问题具体化。做到统一设计，分步实施。总之，在研究的全过程中，课题研究人员都要深入研究现场，检

[1]张华.课程与教学论[M].上海：上海教育出版社，2000.

查方案及方法落实情况。如某项课题研究原方案中选用的是实验法，但从研究实际来看，许多条件不易控制，便可及时调整方案，改用行动研究法。

二、教育科研方法的课程构想

（一）教育科研方法课程教学的目标走向

我国原有的师范教育体系中并没有开设教育科研方面的课程，加之师范生对教育学、心理学、教学法、课程论、班主任工作等教育科学理论课程重视不够，使得很多中小学教师对教育科研的理论知识知之甚少，科研意识缺乏。当前中小学教师对教育科研的整体参与意识不强，没有认识到教育科研在素质教育全面运行中的地位，没有认识到教育科研在教育改革与发展中的价值。通过课程教学，彰显科研兴校、科研兴教的新理念，使中小学教师切实感到科研是创建特色学校的必由之路，把教育科研方法课程作为中小学教师由经验型教师向科研型教师转化的助推剂。因此，我们认为，教师继续教育中的教育科研方法课程教学的目标走向可分为三级：

一级目标：唤起中小学教师的科研意识，引导他们参与教育科研；

二级目标：培养中小学教师的科研素养，包括教育科研方法技巧和乐于奉献、勇于探求、刻苦钻研、团结合作、创新求实的科研精神；

三级目标：提高教育科研能力，包括科研基本认识能力、创造性思维能力和实践操作能力等。

（二）教育科研方法课程教学模块组建

1. 理论教学模块

由于中小学教师普遍缺乏教育科研理论知识，对教育科研形成片面认识，甚至庸俗化、简单化地理解教育科研，认为所谓教育科研就是写写文章，做做总结。对此，在教学中必须重视教育科研理论知识模块的教学，以弥补他们现有知识结构的缺陷。

2. 实践操作模块

尽管教育科研有基础研究、应用研究、发展研究、评价研究和预测研究等多种方式。但对中小学教师而言，更应强调其应用性，这有利于中小学教师开展教育科研。教学中应突出中小学教师实践操作能力的培养，在实践操作模块中，一方面要指导教师选择课题，另一方面要让参加受训的教师自己遴选课题，提出假设，查找文献，搜集整理和分析资料，撰写教育教学研究论文。

3. 自学研讨模块

通过此模块教学弥补授课教师讲解的欠缺和学员学习时间不足的问题。此模块涵盖教师的自学和研讨两方面内容，它是实践操作模块的延续与必要补充。一方面参加继续教育的学员通过自学有关教育科研理论知识和相关文献，结合自己所任学科的教学及所接触的教育实际，不断反思自己的教学过程，以期发现问题，解疑释难，不断研究。另一方面，通过学员间相互研讨，相互交流，相互学习，取长补短，优势互补，实现资源共享，强化学习效果。

上述三大模块的组建是动态的，富有弹性的。各模块在该门课中的结构比例应该是：理论教学模块占30%，实践操作模块占45%，自学研讨模块占25%。[1]

（三）教学方略的选用

鉴于中小学教师继续教育的学程短、课目多，教育科研方法课程的教学指导

---

[1]武汉市教育规划领导小组办公室.教育探索与创新[M].武汉：武汉出版社，2001：476.

思想应是强调授课内容的前瞻性、实用性与操作性的原则，这样可以让教育科研有成的教师充分展示其研究成果，介绍其科研体会。如有条件，也不妨让学员到科研工作开展较好的学校进行考察学习。但不管采用何种教学方略，皆要有助于参加受训的教师更新教育科研观念，全面提高科研素养，培养教育科研能力，真正使他们做到"四能"———能自主学习科研理论、能发现科研选题、能操作研究课题、能撰写教育研究论文。

三、面向新课改中的教育科研方法

在制度化的学校教育中，课程的构建是尤为重要的，课程研究方法的趋向对于课程的不断完善尤为重要。那么传统的教育研究方法是否与今天的课改相适应，是否也应随着课程定位的转变而调整自身的方向呢？

（一）课程观的转变对传统的教育科学研究方法提出的挑战

1.新课程观的确立

课程是什么？课程论专家和教学论专家等人争论不休，关于它的内涵的界定也因其界定的角度不同而众说纷纭，即从不同的逻辑起点出发，进而会带来不同的课程定义。从课程内在的核心要素（课程的组成要素）角度来划分[1]：

（1）课程即科目或教材

认为课程是一门或几门科目的教材，甚至把教材当成唯一的课程。

从历史的角度来定位课程，即从人类文化的历史进程来剖析课程，这种课程定位有其进步的一面。诚然人类文化的进程及科学的发展是形成各种学科的基础、

---

[1]张巨青.当代西方科学研究方法论研究趋势[M].北京：人民教育出版社，1993.

前提，没有科学的发展也就没有我们今天所提及的学科，更无法提及课程。但学校教育里谈及的学科或科目（即课程）同科学和学术是完全不同的，它是在学术和科学基础上的一种提炼，而这种提炼又必须同儿童的认知发展规律相结合，而目前的这种课程的定位则容易使学科课程陷入学科本位或教材本位[1]。

(2)课程即经验

把课程视为一种学习经验，关注学生中心，关注学习环境。教育家杜威认为教育即经验的改组和改造，以书本及他人经验为辅，用他人经验来补充丰富儿童已有的经验，是对儿童经验的再组织、改造、深化和概括。

2.传统的课程研究方法

20世纪70年代以前，在课程研究领域占主导地位的方法论是"量的研究"。这种研究是运用自然科学的研究方法，运用数理统计的手段，从大量个别情境归纳出课程开发的规律与程序，认为这种规律与程序具有普遍性，可广泛运用于一切情境。

(二) 当代西方教育科学研究方法论的发展趋势

1.从静态的研究到动态的研究

20世纪30年代初期，逻辑经验主义在英美哲学界占据了主导地位。它的主要目标是试图对科学知识结合科研方法进行逻辑分析。他们认为，所有可以称得上知识的理论，都必须是能够由经验加以检验的，否则是没意义的。同时逻辑经验主义者又提出归纳逻辑，这实质上是试图对理论的静态结构做出某种定量分析。

2.从规范性的研究到描述性的研究

历史主义者认为，在科学革命时期，科学家不满足于原有的范式而创立新的

[1]胡森著，唐小杰译.教育研究的范式[M].北京：人民教育出版社，1993.

范式，范式的更替是科学家信仰的转变，评估理论的价值标准也随之发生变化，因此不存在任何普遍有效的逻辑标准。他们主张是以对科学历史的具体描述来取代规范方法论的逻辑准则。

（三）新基础教育课程研究方法的一般趋势

20世纪70年代以后，随着课程理解范式的兴起，量的研究渐次为质的研究所取代。质的研究主要受艺术、社会理论的影响产生，这种方法论揭示了量的研究的客观性、假设性甚至欺骗性，确立了研究者价值参与的合理性，尊重研究对象的个别性与独特性。

各种教育研究方法并不是独立运用的，近年来国际上较为流行的行动研究法，它是指行动者和研究者协为一体，可以随时根据研究情况的反馈，修改研究假设或方法，甚至于课题本身。总之，目前教育研究方法正沿着一条定量、定性相互补充的道路前进，随着教育研究对象的复杂化，教育研究方法也必将越来越朝着定性研究的方向发展。

四、教育科研方法研究的前景

科学的研究方法是人类长期进行科学研究的结晶，又是随着人们对客观世界的认识和实践的不断深化而充实、丰富、提高的。当今，世界正面临着新的科学技术革命，它不但向教育提出了挑战，也为教育科研开辟新的研究方法创造了条件。

教育已呈现出与当前科学知识相同的两个发展趋向，一是高度分化和专业化，二是互相渗透，趋向整体化。教育向教育科学整体化发展着，又在原有的教育理论上逐步分化和建立了与哲学、社会学、经济学、心理学、管理学、未来学等学科联系的教育哲学、教育社会学、教育经济学、教育心理学、教育管理学、教育未来学等多种教育的边缘学科。学科之间的相互渗透，也表现在方法的相互渗透上，每一门教育的边缘学科都把其他学科的研究方法列入和发展到教育科学之中。运用教育科学相邻近的学科理论和方法，一方面可以在其他现象的相互关系中考察教育现象，弄清楚它们共同的基础和条件，另一方面又可以揭示教育的特殊性。这是不断完善和改造教育科研方法的一个非常有意义的和最有前途的发展方向。

教育科学不但要研究教育现象与教育过程的质，也要研究它们的量、量的关系、量的变化及量的关系的变化和量的变化的关系，也就是说教育科学研究需要符合逻辑的定性研究，也十分需要令人信服的定量研究渗入其中。

引进系统理论是对静止孤立地研究教育科学的一种改造。系统论具体体现事物是普遍联系和变化发展的思想，是一种科学方法论。系统方法把研究对象放到系统的形式中进行研究，把教育作为一个运动着的整体加以考虑，整体又不等于构成整体的各个要素的机械叠加和功能的简单总和，而是各个要素的有机联系和相互作用的结果，即把教育过程的整体和局部之间、整体与外界环境之间联系起来进行总的、精确的、动态的考察。

计算机科学迅速发展，可以进行各种具体算法的高速运算，以解决大量的数值处理问题，而且目前在计算机应用中，80%以上转入了非数值信息处理，计算机科学已成为研究一切信息结构的表示、转换的科学。我国正在科研和科技领域普及计算机的应用，一旦物质条件具备，计算机将成为从事教育科研的有力助手，将供教育科研储存足够多的研究信息，开展情报资料检索，进行模拟实验，迅速处理冗繁的研究资料，为大规模、大范围和长周期研究微观的教学信息计量配备了工具，使研究工作更富于创造性。

基本功之十九　说课

课程改革是教育改革的核心，随着新课程改革的推出，新的教育教学理念、新的课堂教学模式给教师带来了巨大的挑战。

说课，作为一种教学研究已被人们重视，同时也是教师基本功的一项，是学校教学研究与改革发展到一定阶段的产物。操作容易，且能够在一定程度上体现出教师的理论水平和实践水平，因此受到了广泛的青睐。在教师评先、晋升职称、招聘教师的过程中，说课也经常用到。说课的重要性正在不断地体现出来。

狭义的说课是指老师自己说出对特定课节的教学设计和实践过程，广义的说课由教案、说稿、口头表达以及听者的评价等构成。从说课在课堂的时间顺序来看，说课也在讲课之后，这种方法能够把教师的课后反思、修改也放到其中。环境也影响说课，广义的说课，备与说、说与评、评与研、研与学结合于一体，成为新教改集体大备课的一种重要形式。

一、说课的特点

（一）容易操作

上课和听课活动都受到了时间和场所的限制，但说课就不会受时间、地点、教学设备的限制，可随时随地进行，也不会受到对象和人数的限制，最少两个人的时候也可以进行，能妥善地解决教学和教研的矛盾。说课这一教研活动形式引起了教育界的广泛关注，无论从理论上还是从实践上都积累了不少有利的经验，同时也是提高教师综合素质的一条有效的途径。

说课时间短但效果却很好，可操作性强。说课一般在20～30分钟就可以完成，但不会缺乏内容，包括教师对教材的理解掌握和分析处理，既能说清楚怎么教，又能说明白为什么这样教。说课的运用十分广泛，领导检查教师课前准备、教师间教学活动、评价教师的教学水平、开展教学技能竞赛等均可采用说课的方法。对说课教师的各个方面素质可以进行评价，这极有利于开展教学研究，为培养优秀的骨干教师找到了一条新的出路。

(二) 科学性

科学性是说课区别于其他教学活动的特点之一，是优秀教师成长的一个重要支撑点，这也是说课被迅速传播、受到普遍认可的一个重要因素。它要求教师必须注重理论与实践的相互作用，理论要指导实践，实践要有理论作为依据。养成自觉把理论与实践相结合，提高教学水平。说课就是一种教师运用教育教学理论去指导教学实践的过程，说课的重点是要有深度。假如教师没有足够的理论作为基础，就不会说出此堂课的价值。说课的基本内容有哪些呢?

(1)教育理论依据;

(2)结合班级学生学习实际的恰当选择;

(3)新课程理念的贯彻需要学科课程标准的具体化以及三维课程目标的落实;

(4)积累的宝贵的教学经验;

(5)交流性与示范性。

以往的教研活动老师一般都利用几节课来做示范，再请几个老教师来说说。这样老师完全被动地去说这节课，听课的老师也是马马虎虎不能理解授课教师的真正目的。双方缺乏交流，这样的说课效果十分不好。通过说课，讲课的老师说说自己的教学目的，说说自己怎样处理教材，怎样把学生的思想融入其中。让听课教师更加明白应该怎样教，为什么这样教，从而双方充分交流，体现出教研活动的意义。

说课的交流性是指听课者对说课者的评价和双方的交流。这种交流是个体主动去体会与群体反馈效应的完美结合，也是个体的"说"与群体的"听"之间的相互转换过程，一定要突出对话交流，营造出浓厚的群体学术理论研讨的氛围。

(三) 层次性与预见性

说课给教学活动增添了新的活力，说课不要求场所和规模，时间也不要求，而且对老师自身条件也没有特别的要求，谁都可以说课，方法多样。所以，说课提高了教师的综合素质，得到不同层次的学校、档次不一教师的认可。由于听课的对象是懂教材、熟业务并具有一定教研水平的领导和教师，所以，我们要求教师要有相应教改经验和教学方法，要有教育理论根底，给说课提供理论依据，特别是对教材处理、教法选择、板书设计、语言表达，要有更高的要求。说课要求教师对所教学生的知识技能、智力水平、学习态度、思想状况、心理特点、非智力因素等方面的差异，分层次、客观准确地分析学情，作出具体的预测，并根据不同情况采取相应的教学策略和办法，说课也可以使教师注重学科之间的联系。

二、说课的意义

(一) 说课给教育带来新的希望

著名的教育学家杜威提出了"创设情境、引起动机、确定问题、研究步骤、总结评价"五步教学法。而我国现代教育学中则分为七个步骤：(1)启发学生的积极性是教学过程的条件；(2)提供学生必要的感性认识；(3)使学生形成概念，掌握规律；(4)巩固学生的知识；(5)形成学生的技能与技巧；(6)指导学生在实践中应用知识；(7)对学生知识技能和技巧的检查。这些教学论中的阶段性、过程性显然是集中回答如何进行教学、如何授课的问题，对教师的指导意义在于"怎样教"。

传统备课时只是教师在写完教案然后表达出来，这样有很多的弊端。一是埋没了教师的能力，二是忽视了学生的能力，也对学生的情感态度、价值观没有帮助。具体表现为：

(1)教学目标——毫无目的地引用别人的东西，不能把握教学的重点和难点。

(2)教学过程——以教师为中心、以知识体系为顺序传授死知识。缺少思维拓展，不注重师生之间的互动。

说课起源于20世纪80年代的中国，把传统的经验备课改变成理性备课。说课将教学实践中遇到的问题以及优点，通过不断探索总结概括出来，成为备课与上课之间的一个桥梁。现在说课已经深入教师教学活动，并得到了很好的效果。

(二) 说课有利于新课改教师专业知识的提升与发展

新课改教师专业知识提升与发展是把教育实践作为基础，在观念改变的同时，开展形态各异的教育实践活动，给教师专业提升提供了有利的条件。如果教师要依靠个人的教学经验通过长期的积累和实践得到经验，那需要很长的时间。但当这名教师退休后就得不到很好的发扬很可惜，所以一定要注重教师之间的交流，以说课、评课为主要形式的实践活动就会方便教师之间的交流，方式便捷可靠。

新课改背景下，以校本研修活动为重要标志的教师学习文化正在兴起，教师的教学、研究以及专业发展都在经历着一场翻天覆地的变化。说课作为教师教学研究活动得到很好的交流平台，显然是新时期教师提高自身素质的必要手段。

从具体方面说，说课能够深刻地体现教师在备课阶段中的思维方式，更能体现教师对课程标准、教材、教学参考书的理解程度，能够展现教师对现代教育理论、先进教育经验的理解水平。

说课是学校内教师与听者相互学习交流的一个平台，包括老教师之间的交流、新教师之间的交流、新老教师之间的交流。通过平等参与，在理性层面和操作层面上形成自我培训得到经验，青年教师通过说课，加强理性思维，深入地分析教材，构思课堂教学结构，可以迅速提高自己的备课能力；同时通过资深教师的点评，可以避免上课时可能会造成的失误、偏差。

(三) 说课有利于教师个人和教师群体的综合提高

通过说课活动，选拔优秀教师开各种公开课、研究课，这要比只看教案选拔优秀教师更加全面、更加科学合理，因为说课更能反映教师的教学思路、教学原理，同时语言表达能力也得到充分展示。

说课活动不仅是说课教师个人的独立表演，还是听者的具体提高过程，说课者和听课者要共同参与说课活动，共同体验教学实际的具体过程。"说"发挥了说课者的作用，"评议"又使教师群体智慧得以发挥。说课者要努力地寻找科学的教育教学理论作为依据，把自己的聪明才智得到充分的展示，取得大家的认可，评课者要努力找出说课者的理论依据和经验依据，积极主动地进行换位思考。说评双方围绕着同一节课，各抒己见，交流活动，互相启发，各有所得，优势互补。这对评课者也是一种锻炼，提高了他们的教学评价能力，更能提高教师理论与实践相结合的能力。说课没有固定的模式，其内容不必包罗万象，应该有所侧重，详略得当。

（四）说课有利于教学管理人员与教研人员的素质提高

在大家的观念中备课就是教师的事，跟学校的领导和教职工完全没有关系，如果不开展说课活动，备课就完全是教师一个人的事，而教案只有在被检查时才会"公布于众"。说课中，要将教学设计用语言表达出来，还有更高的要求是说出"课的结构"和"为什么这样做"的道理。这就要求管理者或教研人员除了加强对教师说课的能力培训外，自己首先要对课程标准、教材、教学参考书、教育理论、心理理论等有一定的了解，要对课堂教学的原理和策略、课程教材改革的精神十分熟悉，只有这样，才能有声有色、一步一个脚印地进行说课活动。

三、新课程下说课的内容

说课是教师"说"自己整个教学思路的具体阐述，诸如教学内容的重点、难点，确定的依据是什么；教学方案是如何设计的，设计的理念是什么，预期要达到怎样的教学效果。这好比一项工程报告。它要求教师要运用系统的观点和方法，从教材、教法、教学过程等方面，就教学思路、教学设计及其依据等对教学课题进行全面的讲述。

我们来看一个说课的实例：

《背影》是人教版九年义务教材语文八年级上册第七课。课文讲述了父亲在家庭遭遇变故、极度失意颓废的境况下，还步履蹒跚地爬过铁道为"我"买橘子的事，体现了父亲的一片爱子情深。课文在叙述上采用了两条线索：一条是叙事线索——父亲的背影；另一条是感情线索——父爱子的深情。两条线索互相交错，推动情节发展，并有机地融合在一起。依据新大纲要求、教材特点以及学生的认知水平和年龄特征，我把课文第二课时的教学目标确定为：

1. 领会本文所表现的父子之间的亲情，继承中华民族的传统美德。

2. 学习本文抓住人物形象的一个特征在特定的环境下进行细致描写的特点。

3. 通过理解关键词语的含义，体会语句所要表达的感情。

其中教学的难点项目是目标2，教学的难点项目是目标1。

这个例子中，说课教师虽然能勉强地说出某一教学内容的教学目标及其重难点，但是内容是非常空的，没有分析到位，学生学起来也是非常吃力的。教材地位缺乏分析；教学目标及教学难点确立的基本依据不明；学情不详，难以说明教学难点的确立是否符合学生学习的实际。说课只是看到了"怎么做"，但是不能说明白"为什么这样做"。那么说课到底要说些什么内容呢？具体地讲，说课的具体内容是教学设想、说学法、说教学程序及依据、说教学效果，也就是要解决"做什么、怎么做、为什么这样做"的问题。

（一）说课程标准

国家课程标准是国家对学生发展的基本要求和共同的质量标准，是教材编写的依据，是教学的依据，是教学效果评价的依据。因此，学校和教师要准确地把握和切实执行课程标准。根据具体的教学目标和情境，恰当地选择和整合教学内容、策略与教学模式，引导学生正确地学习，提高学习的效率和学生的全面素质。说课程标准要结合本教材准确地说出国家课程标准对教学的总体要求，从学科的角度高度驾驭教材和指导教学设计。说课标，要重点说明本教材教学目标、教学内容及教学操作等在课程标准中的原则性要求，从而为自己的教学设计寻找到有力的理论依据。说课标，也可以结合到说教材的教学目标中去。

案例19-1　小学数学——《长方形和正方形的认识》说课[1]

九年义务教育六年制小学数学第二册第二单元"认识图形"中的内容。

《数学课程标准》明确提出,有效的数学活动不能单纯地依赖模仿与记忆,而观察、实验、猜想、验证、推理与交流等数学活动是发现问题和寻求解决问题的有效途径。因此,课堂教学中就应该引导学生去观察、思考,主动地去发现问题,提出问题,做问题的主人,改变被动地回答老师提出问题的教学方法。只有这样学生主动学习的兴趣才会浓厚,学习的干劲才足。学生自己提出问题再去寻求问题解决的途径,真正体现了新课程理念下学生自主探索的学习方式。《长方形和正方形的认识》一课,是九年义务教育六年制小学数学第二册第二单元"认识图形"中的内容。本课是在学生已经认识了长方形和正方形的基础上进行教学的,并为今后进一步学习长方形和正方形的特征做好了铺垫。在设计本节课时,我依据教材特点,遵循新课程"以学生为本"的教学原则,从学生的视角出发,瞄准与学生生活经验的最佳选择点,为其提供自我观察、自我发现、自我探索的空间。由未知到已知,由具体到抽象,由整体到部分,让学生成为知识的发现者、研究者,从而生动具体地认识两种图形的基本特征。

(二)说教材

1.本节课内容的地位和作用

首先,说课需要教师对教材要有充分的理解,包括此内容的课题题目,在教材的第几册、第几单元、第几篇乃至整个学习阶段中所处的位置、所起的作用以及前后知识之间的联系。要明确这一点,看到知识内部的联系,准确认定教材的重

---

[1]谢邦会等主编.有效教学的基本功6:新课程下中小学教师说课、听课、评课技能指导[M].
北京:世界图书出版公司,2008.

点和难点，从而提高课堂教学效率。

案例19-2 说教材——初中生物《开花与结果》[1]

七年级生物新教材上册第三单元第二章第三节《开花和结果》的地位非常重要。开花和结果是被子植物一生中最辉煌的时期，所有的精彩部分集中在这个阶段。前面种子的萌发、植株的生长已打下了基础，这节是植物生长发育的必然阶段，是本章的中心环节；本节解答了种子的由来，回应了第一节，前后照应，首尾连贯，使学生完整地了解被子植物的一生。本单元第一章学生了解被子植物与人类生产、生活关系密切，非常关注它的生长过程，特别是通过后面几章的学习懂得了它的重要意义后，学生会从鲜花和果实表面的美丽，升华到对它本质的爱，从而积极地保护绿色植物。可见这节学习的意义重大。

2.本课的教学目标

(1)确立认知目标

就是通过学习使学生在基础知识和技能上达到的一个标准，是掌握还是理解、知道。

(2)确立能力目标

就是通过学习使学生在能力、情感、意志、性格、体力的发展上达到预定的标准，一般能力是由观察、思维、记忆、想象能力构成，其中思维能力是核心。

(3)确立情感目标

就是通过学习培养学生的理想、思想道德、科学世界观和人生观，培养学生的审美观。

[1]谢邦会等主编.有效教学的基本功6：新课程下中小学教师说课、听课、评课技能指导[M].北京：世界图书出版公司，2008.

基本功之十九 说课

案例19-3　说教学目标——小学数学《左、右》[1]

(1)认知目标

了解"左、右"在日常生活中的作用；

通过学生参与多种形式的数学活动，使学生建立"左、右"方向感；

能正确辨别"左、右"的位置关系，体验其相对性。

(2)能力目标

培养学生运用"左、右"的数学知识解决实际问题的能力和与人交流的能力以及观察能力，让学生能将所学运用到生活中。

(3)情感目标

结合教学内容对学生进行思想品德教育和交通安全教育。

3.本课教学难点、重点的确定

教学难点，是那些比较晦涩难懂、现实生活不常见、过程比较复杂难懂、学生见到就头疼、教师教授起来也不容易的知识点。教学重点，是教师在讲授过程中要反复去讲的知识点。准确地抓住关键点，往往起画龙点睛的作用。说课时教师应把教学目标、学生的学习基础和年龄段等方面都好好地考虑，并要具体分析教学难点、教学重点两者之间的关系，从而全面地说出教学的难点、重点。

案例19-4　说教学重点、难点——初中数学《平面图形》[2]

根据新课程标准的目标之一："要使学生具有初步的创新精神和实践能力，在情感态度和一般能力方面都能得到充分发展"。我们在教学中，要激发学生的求知

[1]谢邦会等主编.有效教学的基本功6：新课程下中小学教师说课、听课、评课技能指导[M].
北京：世界图书出版公司，2008.
[2]谢邦会等主编.有效教学的基本功6：新课程下中小学教师说课、听课、评课技能指导[M].
北京：世界图书出版公司，2008.

欲，引导学生积极参与和主动探索，开展有条理的思考。所以在平面图形这节课中，除了学习多边形的相关内容是重点外，还要经常识别图形或画图，因此观察并分析出图形的基本构成是平面图形这节课的关键，也是本课的难点所在。

<教学重点>

多边形的识别及分类，并了解多边形分割为三角形的规律。

<教学难点、关键点>

在设计过程中，对图形基本构成有条理的分析，并能用自己的语言表达出来。

(三) 说学情

首先，教师在说课之前一定要对学生的知识储备情况有所了解，了解他们对将要学习的内容是否有一定的了解或者有对相关知识的认知。了解这一点是相当重要的，这就是定位学生学习的起点。其次，要了解学生的生活经验，以了解学生的"生活概念"与要学习的"科学概念"的差异。还要了解学生能力储备状态，这里主要指在学习中所具有的认知加工和元认识能力。要了解学生的认知水平和认知风格。了解学生的学习动机水平，预估学生对新的学习的关注和教授程度。最后，分析学生的学习方式，关注学生的个性差异。

(四) 说教法

说教法，教师要阐述明白"怎样教"和"为什么这样教"。就是根据课标知道具体的要求以及所利用的教学方法和教学手段。

教学手段是师生教学相互传递信息的工具、媒体或设备，要尽可能使用现代化的教学手段。在当前新的科学技术不断涌入教学领域的情况下，传递信息的工具、媒体，从传统的手段发展到了电化教育。教师在说课时要从教学内容、教学环节、学生特点、教学特点等出发，说明使用教学手段的适度性和它的使用价值。

基本功之十九　说课

（五）说学法

学法是指学生获取知识、形成能力的方法。说课中说的学法，实际上是教师指导学生学习的方法。要求教师对学生进行学习方法技能的引导、传授，使学生逐步掌握科学的学习方法，进而形成独立思考学习的能力。

说学法具体要求说出：要分析学生在掌握教材内容时哪些不了解、不能够深入体会；通过怎样的方法能够引起学生的学习兴趣；在教学过程中侧重养成良好的学习习惯。

（六）说教学过程

说课者要说自己对教材的理解和处理，讲教学内容的安排，及针对学生实际说教学程序，要把教学过程设计的基本过程、设计的基本环节说清楚。如课堂的导入、新旧知识的衔接、新教授的内容有几个部分、如何小结等。

(1)说明教与学的双边活动安排。体现学生主体活动和教师主导作用的和谐统一、教法和学法的和谐统一、知识的传授和智能开发的和谐统一、教法和学法的和谐统一、德育和智育的和谐统一。

(2)说明重点和难点的处理。要说明在教学过程中，怎样突出重点和解决难点，解决难点运用什么方法。

(3)说明用哪些教学手段辅助教学。什么时候、什么地方用，这样做的理论依据和使用价值。

(4)说明作业布置和板书设计。板书设计要注意知识的科学性、系统性与简洁性，文字要准确、简捷。说依据时可联系教学内容、教学方法、教师本身的特点等。

四、说课的方法

（一）选课

选取适合自己特点的课来说，这里包括学校指定的课和自己选的课，自选课必须要体现学科特点，又能将当前该学科教改新教法融入其中。其次，要选择自己特别擅长的章节进行说课，特别是与教师本人业务专长相呼应的有关章节。第三，要突出重点，避免面面俱到。

（二）寻准教法的依据

以纲本为选法的基础条件，以学情为教法与学法指导的出发点，在此基础上采用说课准备过程与理论相结合、与教师自身积累的课堂教学经验相结合的办法，往上找理论依据，往下升华、提炼教学经验。

（三）把握说课程序

关于说课程序的把握，要从三个维度作分析：一是理清所教课文的知识系统和结构，这是需要学生全面掌握的，它是教师说教学程序中的内含主线；二是教师在课堂上所表现的教学程序和结构，它是动态的，师生互动中呈现出来的；三是教师说课时"说"的程序，即先说什么、后说什么、突出什么、淡化什么等方面的处理。

（四）突出重点，呈现个性

说课的内容十分丰富，课的构思和设计及各部分内容不宜平均分配，应有所侧重。教学方法和手段的选择是受教学经验与个性影响的，不同性格、个性的教师在各自教学经历中又会积累出各不相同的个性化教学经验。因此教师说课是要突出自己的个性化教学。如哪些地方体现了自己的独到之处、创新之处，哪一步骤或环节展现出教学艺术，都可以用适当的语言来表达。

基本功之二十　评课

　　评课评价的是老师对教学目标的完成情况和学生在课堂上对知识的掌握情况。评课是学校教学活动必不可少的，它对教师素质能力的培养、学生学习兴趣的发展、学生的能力培养发挥重要的作用。任何一个事物都有一个发生、发展、完善的过程。我们对课堂的评价关注最多的是教师，对教师的教态、教学语言、课堂板书、教学手段的运用等教师教学基本功方面的评价较多，而对教学的内容、学生学习的过程与方法、学生的学习兴趣、价值观方面关注较少。这种评价更多关注的是教师的基本功，提高教师教学功底。新课程下倡导"立足过程，促进发展"的课堂评价，这是评价观念、评价方法、评价功能的转变。

案例20-1　品味朗读中的情感美[1]

　　乐平市第五小学举行课堂教学开放周活动，活动结束进行了评课座谈。由于参加上课人数多，评课采取了一人重点评价一节课的形式。由评课人事先对所评课例进行整理，然后写出评课稿，再进行交流。朱建华老师负责评价刘岚老师的《地震中的父子》一课。实录包括教学目标和教学过程两部分。教学过程分为两课

[1]谢邦会等主编.有效教学的基本功6：新课程下中小学教师说课、听课、评课技能指导[M].北京：世界图书出版公司，2008.

时，是对教师与学生的教与学过程的真实再现。如引入课文学习、学生质疑、学习字词、自读课文、检查自读效果、引导学生重点品读课文等环节。

刘老师选择的《地震中的父子》是新编教材，属略读课文。她用了两课时，其目的在于展示"自主学习"基本训练目标和过程，充分体现"以学生为主，以自学为主，以训练为主"的教学思想。两节课中，老师的教学"一切为了学生"，尊重学生的情感态度价值观，把学生当成主体。教学中，紧紧围绕"了不起"的父与子，紧扣语言文字自读、自悟、自议，使学生一步步感受到文本价值。在学习过程中，教师和学生共同搜集资料，以此来拓展学生的思维，使人性美更为丰富。两课时的有感情朗读，引起了学生的共鸣，将语文学科与人文性结合得相当完美。

这个案例中朱老师着重评价了教学过程，强调学生以读为主，自己读自己领悟。评课就这些？一定不是，那么下面来看看评课的基本内容。

一、评课的目的

就一般的评课而言，评课的目的有以下两个要点：一是对课堂气氛的评价，分析为什么课堂教学会失败，总结经验教训；二是对课堂教学的优点进行评价，互相学习，相互提高。

其实，评课的目的主要有以下三个角度：一是学校教学方面，评课人通过听课，改变学校教育教学质量。教师的价值是通过课堂体现出来的，评课作为对教师的课堂教学评价，在提高教师能力的同时，极大地推动了学校教育教学向前发展。二是从教师专业发展层面上看，评课是提高专业水平的最直接的方法。通过评课，可以精确了解教师的课堂教学理念，并且通过讨论的方式帮助教师纠正教学观念中的不正确的认识，推广正确的课堂教学理念，从而使教师的专业达到最大化。三是从学生方面来看,通过指正和提高教师的课堂教学行为,能使学生在以后的学习中,在相同的环境中,得到最好的学习效果。

总的来说,评课有利于激励教师对知识的了解,加入教学艺术;有利于教师从学科角度研究课程,优化教学目标以及内容;有利于教师开放性地借鉴优秀的教学模式,提高教学方法和手段;有利于提高教师的教学积极性和主动性,优化教学过程,优化教学设计;提高教师的自我管理意识,帮助教师积累教学经验,提高教学水平,渐渐地形成自己独有的教学风格。

二、评课的原则

(一) 实事求是原则

实事求是就是尊重客观,也就是在评课的时候,要求评课者能用同一个标准去评价教师的课堂讲解过程,评价的对象是教师的讲课过程,而不是停留在讲课的人。当然,实事求是的原则要求评价者能以真实情况作为基础,依据科学的理论,不带任何感情色彩。

(二) 坦率诚恳原则

坦率诚恳的原则,就是要求评价的人对所听的课好的地方要给予鼓励,同时如果存在问题一定要指出。当然,我们在评课时,还要对教师的心理承受能力进行考虑,对心理承受能力不好的教师应委婉、客气一些,对心理承受能力相对较好的教师可直接一些。

(三) 兼顾整体原则

一是评课者应该拥有整体意识,必须在评课中把整体和局部结合起来。二是评课者如果评价,必须对教师教学能力进行评价,既要看讲的课,还要看平时表现,也要看综合成绩,一定不要"一课定终身"。

(四)激励性原则

激励性原则,一是对讲课者的激励,二是对听课者的激励。对被听课者主要是抓住教师闪亮点,推广教师课堂教学实践中成功的地方,以便能让其他的教师好好地学习。

(五)差异性原则

一是看课程是不同的,针对不同的课,相应地有不同的评价标准,不能用无差异的评价标准来评价不同课。二是要看老师的差异。不同教学年龄的教师基础自然不同,对不同职称的老师要求也必须不同。三是要看学校和学生的差异。教师对学情的分析,要依据他的教学对象去确定教学内容和教学形式,评价者通过观察学生的具体表现和课堂实际教学效果来评价,不能根据教学经验去评价。

(六)讲究方法原则

评价要讲究一定的逻辑方式。一是要充分尊重讲课的劳动,先表扬成绩,再分析教师授课过程中需要改进的问题。道理讲透,一般问题要轻说,对严重的问题要抓要害,不能各方面都涉及,否则无论是对听课者还是讲课的人都起不到想要的效果。

(七)方向性原则

首先确定评课目的,依据课程标准,教师讲课过程中可以把现代教育体现的细节发扬,能体现时代教育教学特点,从而使这些成功的细节能够起到很好的示范作用。

(八) 科学性原则

一是教师选择的课堂教学内容一定要符合科学性原则；二是审视教师的课堂教学方法一定要有科学性，评课者应用先进的教育教学理论，分析教师课堂教学与课堂组织，并根据课程、教材、学生的表现等内容，对教师的授课行为作评价。

三、评课的基本内容

评课的基本内容包括课堂的主导——教师和主体——学生，又包括课堂的教学内容，师生是围绕目标实行教学活动的，兼顾评价学生在教师的引导下完成学习目标的情况。新课程评价不仅关注学生的全面发展，还要关注学生的知识和技能的获得情况，更要看学生学习的过程、方法以及情感态度和价值观各方面的发展。

(一) 教学目标的评价

1. 评价教学目标的表述

完整的教育目标应包括三个部分：第一部分是认知领域，包括相关知识的回忆或再认以及理智能力和技能合成等方面的目标。第二部分是情感领域，其目标包括兴趣、态度和价值观等方面的形成。第三部分是动作技能领域，它的目标包括肌肉或动作技能。

教学目标是教学的出发点并且是归宿点，它的正确制定以及达成，是衡量一堂课优劣的重要标准。教学中一定要始终围绕目标进行，一切教学行为始终要为教学目标服务，决不能让目标成为空中楼阁。

按照布卢姆的教学目标，教学目标的评价可分为三大领域：

第一领域：认知领域的目标评价。

知识，是指教学目标是否要求学生对学习过的材料进行识记和再现。理解，是指是否要求学生对有些知识进行转化、解释和判断，即自己组织语言来表达传授知识，能对它进行解释和说明，并通过它推断出未来的状况。运用，指教师制定教学目标时，要求学生能把所学知识和技能运用于现实生活中的种种境遇。分析，要求学生能把复杂的材料分解成各个组成部分，以弄清各种观念的有关层次，或者弄清所要表达的各种观念之间的关系。综合，要求学生能将所学知识进行重新组合、排列，从而解决生活中一些复杂的实际问题。评价，要求学生根据特定目标对材料和方法的价值做出判断。

第二领域：情感态度的目标评价。

评价情感态度的目标主要从以下五点入手：一是教师能否通过一些活动情境让学生认识到参加某种知识技能学习的重要性，让他们愿意接受或注意这类知识。二是教学目标应该让人知道老师会通过一些手段、方法，让学生主动参与到课堂的学习中去，并从中获得满足感。三是要说明通过一些活动让学生将这种学习兴趣转化成学生的信念，持久地维持这种兴趣。四是教师要让学习者能将诸多的价值观组成系统，确定各个价值之间的关系，树立起支配者的价值观。五是形成价值体系的个性化，并通过教学让学生形成自己独特的个性化的价值观念。

第三领域：动作技能领域的目标评价。

知觉，教师要指导学生运用感官获得信息，了解与动作技能有关的知识、性质、功能，并指导动作。准备，教师要指导学生对某种活动进行心理、身体、情绪三方面的准备。指导的反应，教师指导学生表现有关的动作行为，包括模仿和尝试错误两个部分。机械联系，教师指导学生反复练习，使所学的动作熟练，进而形成习惯。创造，教师要让学生在学习某种动作技能过程中形成一种创造性的动作技能。

2.评价教学目标对教学活动所起的作用

评价教学目标要考虑全面、具体、适宜、重点、难点等方面。首先，要评价教学目标对教学活动是具有方向性的。要考查所有教学活动、所有教学辅助手段、所有教学方法是否为实现教学目标来服务的，是否把教学目标看成中心。其次，要评价教学目标使教学活动起激励作用。适宜的教学目标能激励学生的学习兴趣，提高学生的学习欲望，能帮助学生克服学习困难，达到学习目标。

最后，评价教学目标对教学活动的标准作用，全面、具体、适宜的教学目标能检测教学活动的有效性。

(二) 教学过程的评价

新课程下的教学过程应是学生积极主动参与知识建构的过程，是学生合作交流、积极探索的过程，是学生快乐学习、学习乐趣得到激发、个性得到张扬的过程，是爱好得到发展、才能得到展示、学习成就感得到满足的过程。在这个过程里真正体现以"学生为本，以学生的发展为本"的核心课程理念。

1.评价学生的学习心境是否愉快

愉快的心境能增强身体各器官的协调程度，使大脑细胞处于活跃状态，从而提高学习效率。愉快的学习心境包括：(1)能创造积极的课堂氛围。教师要树立威信、以身作则、为人师表，用良好的威望影响学生，使学生能够积极参与到课堂活动中来；教师要注重情感渲染，热情洋溢，激情四射于课堂，让学生为之感染；能适当地调控教学难度，使教学内容难易适度；教师要培养良好的人际关系，师生关系融洽，建构积极、健康、活跃的课堂气氛。(2)能使学生在课堂学习中始终保持良好的心理状态。教师要积极地用自己的热情去感染学生，引发学生情绪上的共鸣；老师对学生的反应都应给予积极强化，如微笑、点头。(3)重视课堂教学中的多向交往。多向交往提倡师生平等相处、互相尊重，让学生获得肯定的评价和成功的经验，同时让学生之间互相交流学习目的、动机、方法等，有助于对学生思维进行灵活控制。(4)能有效地进行课堂教学控制。包括有效发挥教学目标的激励功能，恰当运用纪律的约束功能，利用悬念、讨论等措施对教学情境进行有意识的控制，从而灵活地掌握学生的思维。

2.评价学生的个性发展是否健康

课堂上老师要用自己渊博的知识、广泛的兴趣爱好来引发学生的好奇心，激发学生积极探求自己的求知领域，唤醒学生对学习的兴趣和爱好。教师应创造条件扩大学生注意范围，充分利用无意注意参与学习，培养学生良好的注意转移力。

3.评价学生的学习动机是否端正

评价教学过程能否引发学生端正的学习动机，主要从以下五方面进行：(1)是否对学生进行了适当的远景性学习目的的教育。(2)教师在教学过程中是否通过选择适当的教学方法、利用一定的教学手段来提高教学艺术，激发学生的学习兴趣。(3)教学目标是否明确。(4)教学中是否得到学生的及时反馈，如增强学习的成就感或指出其努

基本功之二十　评课

力的方向。(5)能否创设良好的学习氛围，让学生在融洽、竞争及探求的气氛中学习。

4.评价学生是否主动参与教学过程

(1)学生参与学习的状况与品质。学生能大胆设疑并围绕疑问进行思考和交流；学生能利用自己已掌握的知识去阐述新的知识；能积极参与开放性问题的解答，并取得良好效果；能运用已有的知识层面去解决比较复杂的综合性问题。(2)学生能独立思考，专注于课堂的听、说、读、写、计算和操作等活动；有良好的合作精神，能积极主动地参与小组合作学习，与班级同学共同成长。(3)学生参与的时间和广度。学生个别学习、回答问题及群体活动等，这些时间的总和一般不少于课堂时间的二分之一。(4)学生参与的效果。能较好地实现教学目标。

5.评价学生活动及活动时间是否充足

以学生为主体、以教师为主导是正确的师生概念，而正确的教法理论则是"以学定教"。教师应该给学生充足的时间去听、看、读、写、操作、计算、合作、交流。

6.评价学生的认知状况

在唐晓杰编著的《课堂教学与学习成效评价》书中，对学生是否有高水平的认知活动主要有以下六个方面的标准：(1)学生是否可以用自己的语言来解释和表达所学到的知识。(2)学生是否可以联想到学过的相关知识解决比较复杂的综合问题，学生自己解决的综合问题有多少。(3)主要由学生解决的开放性问题数和一题多解的问题数。(4)有关于开放性问题或一题多解的问题，学生提供解题方法或答案的次数。(5)有创意的学生问答的人数。(6)学生主动进行提问的人数。

(三) 对教师基本素质的评价

教师基本素质是教师的教学基本功，就是教师从事教学实践活动所必须要求的知识及技能，也是教师上好一节课的基础，同样是提高教学效率的基本保证。主要表现有以下几个方面：

1. 教学态度

教学态度决定着教学效率。评价一个教师的教学态度是否严谨认真 主要看以下几个方面：第一，看研究教材的情况。对课程标准、学生，还有教材是否研究透彻。第二，看课前是否准备充分，教案详细充分，教具准备齐全，演示操作熟练。最后，看课堂表现是否严肃。教的语言要庄重、得体，富有艺术感和幽默感，但不能过度；教学环节应该严谨且环环相扣，有条不紊，不浪费时间，板书工整，清晰明了，遇到突发事件能沉稳不惊、冷静应对等。

2. 教学方法

教学方法是教师在教学过程中，为完成教学任务而采取的活动方式的总称。它包含两层含义：教师"教"的方式，学生"学"的方式。教学方法是"教"的方法与"学"的方法的统一。评价方法包括以下三个方面：(1)是否可以灵活运用。教学要有法，但又无定法，而贵在得法。因材施教，对不同的学生、不同的内容、不同的条件而灵活施教，不能生搬硬套、照猫画虎、贻笑大方。(2)教学方法是否多样化。教学方法要灵活而不可一成不变。要将讲授法、练习法、讨论法、笔记法、实验法、演示法等方法结合搭配使用，且熟练掌握，运用自如，灵活搭配，使得教学富有艺术性，充满愉悦性。(3)看教法是否改革和创新。特别是在评价一位骨干教师的时候，既要常规又要有创新，能够创造性地处理讲与练、课内与课外、知识与技能之间的关系。充分发挥学生主体性地位，培养他们创新能力以及形成教师独特的教学风格。

3.教学组织安排

新课的引入是否具有吸引力，能否让学生迅速地进入学习状态，教学环节是否衔接连贯，教学过渡是否自然合理，课堂小结是否准确简洁，课堂讲解是否恰当、适时、富有启发性。一节好课的安排应该是：结构严谨，环环相扣，过渡自然，时间分配恰当，轻重突出，难易分明。

4.教学语言

在内容方面，教学语言要求准确、规范、清晰、清楚。但是就课堂艺术来说还应该有更高的要求，例如简捷、流畅、生动、形象、富有激情，要幽默。

5.板书

板书是教师对课堂教学内容简要和艺术的概括。好的板书不仅要科学合理地概括出教材内容，而且要言简意赅，有艺术性，还要条理性强，字迹工整、美观，板书娴熟。

6.教态

教师在课堂上的教态应当庄重、友好、明朗，仪表端庄，举止大方，热情洋溢，体态语言丰富，热爱学生，师生感情融洽。

7.学科专业技能

学科专业技能就是教师从事学科教学所具备的技能。例如，一位语文教师应有的专业技能有：具有标准的普通话技能，能书写工整且有一定艺术性的汉字，能熟练地书写几种常见文体的文章，能大方、得体、熟练地与他人交流，能有效地驾驭课堂等。

8.应变能力

教学应变能力就是对那些之前没有准备的、没有预料到的意外状况、突发事件做出合理的反应和处理。对于课堂出现的意外情况、突发事件做出合适的反应和适宜的处理。对于课堂出现的意外的状况、突发事件教师应当从有利于教学、有利于学生的角度看问题，尊重学生，实事求是，认真处理，随机应变，灵活处理，游刃有余。

9.教学媒体

利用教学媒体教学能让讲更加直观、形象，有利于学生的理解，有利于学生的记忆，有利于引发学生学习的兴趣，有利于创造良好的课堂教学气氛，有利于节约时间，增加教学效率。教学媒体的使用，不能喧宾夺主；不能让教学媒体完全取代黑板，不能让教学媒体束缚学生的想象空间，不能花里胡哨。

10.教学设计

要看课堂的教学目标是否清晰、适宜、全面，能否激发学生的学习动机，复习的内容是否合适，引出新授内容时顺理成章，提示重点、难点是否合适，学习反馈与评价是否及时。

11.教学反思

反思是教师成长中最有效的方法。最重要的是，反思是一个教师优化教学实践，凭借自身努力成为更优秀、更有思想的专业人士的一个工具。时代的发展，激烈的竞争，要求教师向学习型、研究型方向挺进。

12. 教学特色

教师在长期的教学实践中让教学思维、教材处理、教学方法、教学语言等方面呈现自己的特点，具有独特的风格。

(四) 教学内容的评价

教学内容是实现教学目标的载体，是对学生进行知识、能力、情感教育的依托。教学方法、教学手段、教学环节的组合安排都是为发挥教学内容的良好育人功能而服务。在这个层面上，教学内容比教学手段、方法、环节的安排更为重要。

(五) 教学风格的评价

教学风格是指在课堂教学中表现出来的主要教学思想特点和艺术特色。评价教学风格是针对一些示范课或优质课选中的骨干教师、学科带头人而说的。他们在长期的教学中形成了带有倾向性的教学思想，也表现出明显的具有个性的艺术特色。